Sophie Grimme

We are Queens

We are Queens

Sophie Grimme

Bibliografische Information der Deutschen Nationalbibliothek: Die
Deutsche Nationalbibliothek verzeichnet diese Publikation in der Deutschen
Nationalbibliografie, detaillierte bibliografische Daten sind im Internet über:
http://dnb.dnd.de aufrufbar

Satz, Herstellung und Verlag:
BoD – Books on Demand, Norderstedt
ISBN: 97837481806

Inhaltsverzeichnis

Wie du deine großen Vorsätze in die Tat umsetzen kannst............. 11

Warum Planung für mich der erste Schritt zum Erfolg ist 24

Wie aus einem Morgenmuffel ein früher Vogel wird 52

Die perfekte Abendroutine für einen erfolgreichen Tag 62

Gewohnheiten, die mich und meinen Lebensstil verbessert haben 71

Du bist eine Queen 97

Wie du dein Geld sparen kannst, um deine Träume
zu verwirklichen 117

Die große Frage mit der Liebe.. 126

Liebe dich selber! 135

Wer sind denn schon die Anderen? 160

Die Bedeutung deiner Wurzeln.. 173

Das Jagen deiner Träume 188

Pure Emotionen und so viel Leidenschaft wie möglich. Das bedeutet Leben für mich. Jede Sekunde ausnutzen und genießen. An die großen Träume glauben und niemals aufgeben. Denn mit einem Lächeln ist Alles zu schaffen.

Jeder hat eine Geschichte und verdient es, dass diese erzählt wird.

Das hier ist meine Geschichte. Und es ist schon längst überfällig, dass ich sie einmal erzähle.

Mein Name ist Sophie und mein Leben verlief immer gleich. Siebzehn Jahre lang habe ich in meiner Familie gelebt, mit meiner Mutter und meiner Schwester.

Seit sechs Jahren gehört dazu auch ein kleiner Mopsmischling, der mich regelmäßig zum Lächeln bringt.

Teilweise hatten wir noch mehr Mitbewohner, fünfzehn Meerschweinchen (es war doch ein Männchen gewesen und kein Weibchen), insgesamt drei Wellensittiche, zwei Kaninchen und viele Hamster (wir lieben Tiere sehr und haben einen großen Garten).

In dieser Zeit hat sich nicht viel verändert. Natürlich bin ich älter geworden und mein Leben hat sich dadurch automatisch verändert. Aber grobgestrickt war alles immer gleich.

In der Schule war ich nicht besonders glücklich. Doch auch hier hat sich nie etwas verändert. Aber mit siebzehn, traf ich zusammen mit meinen Eltern, den Entschluss, die Schule in England zu beenden. In Deutschland kam ich einfach nicht voran.

Die Zeit in England zählt zu dem Besten, was mir jemals passiert ist. Ich war in Southampton, südlich von London, und dort habe ich mich sehr verändert und viel dazu gelernt.

Vielleicht, weil meine Eltern mal nicht über mein Leben entschieden haben (obwohl sie das immer nur indirekt gemacht haben) und ich endlich die Chance hatte, mich als eigenständige Person weiterzuentwickeln.

Und ich glaube, genau das habe ich gebraucht, um erwachsen zu werden und mir darüber klar zu werden, was ich im Leben will.

Und das sind große Dinge. Ich will ein organisiertes Leben, ein erfolgreiches und ein glückliches Leben.

Das klingt groß und dafür werde ich mich immer weiter verändern und an mir arbeiten müssen. In England konnte ich damit anfangen. Denn obwohl ich in einer Gastfamilie gelebt habe, gab es niemanden mehr, der mich morgens geweckt hat und mir gesagt hat, dass ich meine Hausaufgaben machen muss. Mit siebzehn Jahren hatte ich zum ersten Mal die Kontrolle über mein Leben und musste eigene Entscheidungen treffen.

Dabei habe so viel über mich gelernt, von dem ich vorher keine Ahnung hatte.

Zum ersten Mal in meinem Leben habe ich mich intensiv mit dem Thema Organisieren beschäftigt und für mich herausgefunden, wie ich es schaffen kann, dem Plan, den ich mir erstellt habe, tatsächlich zu folgen. Oder wie ich mir Ziele setzen und diese dann auch erreichen kann. Und ich habe mich mit Themen wie Morgenroutine und Abendroutine beschäftigt, oder wie ich mein Geld beisammen halten kann.

Ich habe das Gefühl, dass genau das ein entscheidender Schritt war, um erwachsen zu werden.

Und ich habe mir Gedanken darüber gemacht, weswegen ich eigentlich nach England gegangen bin. Vor was ich geflohen war. Diese endlose Quälerei in der Schule.

Denn ich habe in der Schule eigentlich nur schlechte Erfahrungen gemacht, von der Grundschule bis in die Oberstufe durchgezogen. Böse Kommentare und Ausgrenzungen sind ewige Begleiter in meiner Schulzeit gewesen. Und sie haben Wunden hinterlassen, die mich auch nach der Zeit in England begleitet haben.

Mir war nicht klar gewesen, wie schwer es mir fällt, mit fremden Leuten zu reden, und was für eine Angst ich habe, auf Menschen zuzugehen, bis ich ganz alleine in einem fremden Land war.

Letztendlich habe ich all die Situationen überstanden und viel daraus gelernt, aber es war ein bisschen wie ein Sprung ins kalte Wasser. Und genau das war für mich gut. Denn vielleicht wäre diese Problematik niemals bewusst geworden, wenn ich nicht nach England gegangen wäre.

Und so hatte es etwas Gutes, dass ich vor meinen Problemen erst einmal davongerannt bin.

Kommen wir jetzt dazu, warum ich dieses Buch geschrieben habe und warum es mir so wichtig ist, über all diese Themen zu sprechen. Die Erfahrungen, die ich in meinem Auslandsjahr gesammelt habe, möchte ich gerne weitergeben. Als ich anfing, mich mit diesen Themen zu beschäftigen, musste ich feststellen, dass es dazu nur begrenzte Informationen gibt. Irgendwie fand ich nie, wonach ich gesucht hatte. Und da ich immer schon gerne geschrieben habe, dachte ich mir, dass ich einfach mein eigenes Buch schreiben könnte.

Gut, im Nachhinein ist es alles andere als einfach. Denn zuerst musste ich noch viel recherchieren und mich intensiv mit meinen Themen auseinandersetzten.

Die bewusste Auseinandersetzung mit den Fragen, wie ich mein Leben erfolgreich gestalten kann, hat mich vielleicht noch ein Stückchen weiter vorangebracht. Und das hat mich vielleicht noch mal ein bisschen vorangebracht.

Denn ich habe große Ziele und Träume, für die ich viel werde tun müssen, um sie zu erreichen. Auch darüber möchte ich schreiben und Tipps weitergeben.

Und ich bin eine Träumerin. War ich mein Leben lang schon. Früher hatte ich viele unrealistische Träume, wie zum Beispiel Sängerin zu werden, obwohl ich überhaupt nicht singen kann.

Jetzt sind meine Träume immer noch riesig, aber sie sind realistisch und ich werde sie erreichen können, wenn ich weiß mich durchzusetzen und nicht aufgeben.

Träume sind ein großes Thema für mich. Ohne Träume würde ich nicht glücklich sein. Ich brauche etwas, das ich mir erträumen kann und worauf ich hinarbeiten kann.

Mein Traum ist es, Sportmoderatorin zu werden. Am Rande des Fußballplatzes zu stehen und die Emotionen rüberzubringen.

Denn Fußball steckt voller Emotionen. Es wird gefeiert, es wird geflucht, es wird geweint. Fußball ist real. Deswegen liebe ich diesen Sport sehr und träume davon, damit mein Geld zu verdienen. Und obwohl ich erst achtzehn Jahre alt bin und noch viel lernen muss und vielleicht auch noch viel Zeit vergehen wird, bis ich Sportmoderatorin bin, kann ich jetzt schon etwas tun.

Ich kann mich informieren und recherchieren. Und irgendwann wird dieser Traum dann auch wahr werden.

Darum wird es in diesem Buch gehen. Um die großen Träume, um positives Denken und um die ganz großen Gefühle. Kurz gesagt, um pure Leidenschaft für das Leben und alles, was es zu bieten hat.

1.

Wie du deine großen Vorsätze in die Tat umsetzen kannst

In preparing for battle I have always found that plans are useless, but planning is indispensable.

– Dwight D. Eisenhower

Obwohl ich es immer schon geliebt hatte, zu planen, fiel es mir dennoch schwer, mich auch an diese Pläne zu halten. Jedes Jahr schrieb ich mir auf, was ich alles erreichen wollte. Diese Neujahrsvorsätze waren jedoch spätestens im Juni vergessen und ich erreichte nichts von dem, was ich eigentlich wollte.

Jedes Jahr war ich am Ende gefrustet, dass es schon wieder nicht so gelaufen war, wie ich es mir vorgenommen hatte. Dass ich all die großen Ziele, die ich mir gesetzt hatte, im Laufe der Monate immer mehr verlor. Im Dezember startete das Ganze dann wieder von vorne.

Meine Vorsätze waren jedes Jahr die gleichen. Mich gesünder zu ernähren, endlich mein Traumgewicht zu erreichen und endlich alles anders zu machen. Das ist aber nie passiert. Das war sehr frustrierend und am Ende das Jahres habe ich mich nur schlecht gefühlt. Weil nichts so geklappt hatte, wie ich es mir vorgenommen hatte.

Seit 2015 nehme ich mir jedes Jahr vor, endlich ein Buch zu veröffentlichen. Blöd nur, dass ich es in den meisten Fällen noch nicht mal geschafft habe, überhaupt ein Buch zu schreiben. Ich konnte nicht planen und das hat mich gefrustet.

Anfang 2018 sollte sich das ändern. Ich hatte genug von den ewig gleichen Vorsätzen und wollte endlich etwas ändern. Also fing ich an, mich mit dem Thema Planen zu beschäftigen. Wie man am besten planen kann und wie man auch bis zum Ende des Jahres seinem Plan folgen kann. Als ich damit angefangen habe, fiel es mir häufig noch schwer, mich auch wirklich daran zu halten. Irgendwie wollte es nicht so richtig klappen. Aber ich habe mich durchgebissen und jetzt fällt es mir viel leichter, meine Ziele zu erreichen. Inzwischen weiß ich, wie ich am besten planen kann und wie ich mich an diesen Plan halten kann. Es hat zwar lange gedauert, bis ich mir darüber im Klaren gewesen bin, wie hilfreich es ist, sein Leben richtig zu planen, aber jetzt bin ich auf dem richtigen Weg, mein Ziel zu erreichen.

Und das kannst du auch. Wenn du deine Jahresplanung richtig angehst, verspreche ich dir, dass du am Ende des Jahres deine Vorsätze eingehalten haben wirst und stolz auf dich selber sein kannst. Du wirst deinen Zielen näher kommen und alles erreicht haben, was du dir am Anfang des Jahres vorgenommen hattest. Ich habe das geschafft. Jetzt ist alles durchgeplant und ich bin gezwungen, mich an diese Pläne zu halten, damit mein Jahr so gut und erfolgreich wird, wie ich es mir vorgenommen habe.

Ich beginne damit, dass ich mein vergangenes Jahr reflektiere. Ich sehe mir an, was gut gelaufen ist und was nicht. Wie ich gewisse Dinge anders machen kann, damit sie besser laufen und ich zufriedener bin. Warum habe ich letztes Jahr nicht alle meine Ziele erreicht und was kann ich verbessern, um zwölf Monate motiviert und fokussiert zu bleiben? Was hat mir besonders viel Freude bereitet und wo hatte ich das Gefühl, gegen eine Wand zu laufen?

Ich habe beispielsweise aus 2017 gelernt, dass ich zu viel mit mir machen lasse und viel zu selten meine eigene Meinung sage. Das musste ich in 2018 ändern. Genauso habe ich aber auch festgestellt, dass es für mich sehr gut funktioniert, wenn ich viel Sport treibe. Das habe ich vor 2017 nicht und ich dachte immer, dass ich es hassen würde. Aber tatsächlich liebe ich es, Sport zu machen und wie ich mich danach fühle. Nimm dir ein paar Minuten Zeit, nimm dir einen Zettel oder dein Bullet Journal (ein selber designter Planer, in dem alles Platz hat, was dir wichtig ist) zur Hand und reflektiere das vergangene Jahr ausführlich. Daraus kannst du sehen, wo im nächsten Jahr dein Fokus liegen sollte, was sich ändern müsste und was du weitermachen solltest, um glücklich zu sein und deine Ziele zu erreichen.

Warum du dich immer verbessern wollen solltest

- Du lernst viel in deinem Leben
- Du willst jeden Tag die beste Version von dir selber sein
- Du kannst aus Fehlern lernen und es beim nächsten Mal besser machen

Nur mit dem für mich richtigen Terminplaner kann ich mein Jahr so planen, dass ich für alles Zeit finde. Ein guter Terminplaner muss für mich genügend Platz für To-Do Listen haben. Ein herkömmlicher Kalender ist dafür ungeeignet.

Nach ein wenig Internet-Recherche habe ich dann das Bullet Journaling für mich entdeckt. Für die, die es nicht kennen, Bullet Journaling funktioniert wie ein Kalender, nur mit dem Unterschied, dass man jede Seite nach seinen eigenen Wünschen und Vorstellungen gestalten kann. Für mich ist es die perfekte Methode, weil ich damit nicht nur meine heiß geliebten To-do-Listen schreiben kann, sondern ich kann auch meinen Monat bis ins kleine Detail planen.

Es braucht etwas Zeit, einen Monat zu gestalten, aber auch das macht mir sehr viel Spaß. Da ich ein sehr kreativer Mensch bin, kann ich mich in meinem Bullet Journal super ausleben. Jede Seite gehört meiner eigenen persönlichen Gestaltung und ich habe den Platz, den ich brauche. Seitdem ich mein Bullet Journal benutze, macht mir das Planen mehr Spaß und ich habe auch das Gefühl, dass ich effektiver bin. Einfach, weil ich eine Übersicht über alles habe und die Monate so genau wie möglich planen kann.

In meinem Bullet Journal halte ich, bis auf die Aufgabenlisten, alles Mögliche fest. Ich mache grundsätzlich gerne Listen und so findet sich in meinem Bullet Journal auch eigentlich immer eine Want-to-read-List, eine Want-to watch-List und vieles mehr. Kurz gesagt alles, was mir in dem Moment wichtig erscheint und was in meinem Leben Priorität hat.

Ich versuche, so organisiert wie möglich zu sein (das ist wirklich nicht so leicht) und dazu gehört für mich auch, dass ich meine Termine übersichtlich beisammen halte.

Kurz gesagt ist mir das Bullet Journal aber doch zu unübersichtlich, um meinen Tag zu planen und dafür nutze ich gerne Google Kalender, um mir Termine einzutragen und meinen Tag zu planen.

Ideen für dein Bullet Journal Layout

- Jahresübersicht
- Jahresziele
- Prioritäten
- Wichtige Projekte
- Want to Read
- Want to watch
- Moodtracker
- Bucket List
- Netflix Liste
- So viele Listen, wie dir einfallen

Mir hilft es sehr, wenn ich für das kommende Jahr ein Oberthema wähle, auf das ich meinen Fokus richte. Dadurch habe ich einen Leitfaden, wenn es um Entscheidungen geht und kann mich leichter auf eine Sache konzentrieren.

Mein Oberthema für 2018 ist beispielsweise *Zukunft*, weil ich 2018 meinen Schulabschluss gemacht habe und daraufhin viele Entscheidungen für meine Zukunft treffen musste. Jetzt denke ich immer darüber nach, was eine Entscheidung, die ich treffe, für meine Zukunft bedeuten könnte.

Gute Oberthemen sind aber auch mentale Gesundheit, die sehr wichtig ist, oder Familie oder Arbeit. Das kommt immer darauf an, was du dir von dem nächsten Jahr erwartest und wie du es gerne gestalten würdest.

Wenn ich in einem Motivationsloch stecke oder ich mich schwertue, eine Entscheidung zu fällen, kann ich mich so daran erinnern, was ich mir für das neue Jahr vorgenommen hatte.

Ich liebe es, mir am Anfang des Jahres eine Bucket-List zu schreiben. In diese schreibe ich alles, was ich gerne erleben und welche neuen Orte ich gerne sehen möchte – wie zum Beispiel im Mondschein zu tanzen oder mit dem Auto nach Paris zu fahren.

Ich liebe das Abenteuer und dementsprechend sieht auch meine Bucket-List aus. Ich will so viel sehen und erleben, dass es manchmal zu viel werden kann, aber ich liebe es, zu leben und das Leben in allen Zügen auszukosten.

Reisen sind für mich dabei immer ein sehr großer Punkt. Ich liebe es, meine Tasche zu packen und mein Zuhause und alles, was ich kenne, für eine Weile hinter mir zu lassen, um neue Orte, neue Menschen, neue Kulturen kennenzulernen.

Meine Großmutter hat einmal zu mir gesagt, dass man sein Zuhause nur dann wirklich zu schätzen und zu lieben weiß, wenn man reist. Wenn man andere Orte sieht und für einen kurzen

Ideen für dein nächstes Oberthema

- Mentale Gesundheit
- Fitness
- Zukunft
- Familie
- Karriere
- Reisen
- Leben
- Spaß
- Liebe
- Freunde
- Und alles, was du dir sonst noch vorstellen kannst

Zeitraum ein anderes Leben lebt. Denn nach Hause kommen ist das schönste Gefühl. Nur muss man dafür erst einmal wegfahren.

Ich schreibe mir jedes Jahr eine Bucket-List, weil ich nicht will, dass das Leben an mir vorbeizieht, ohne dass ich daran teilnehme. Ich liebe es, diese Liste zu schreiben und mir zu überlegen, was ich wirklich sehen will. Dabei lerne ich auch viel über mich.

Meine Bucket List 2018

- Ein Buch schreiben
- Meinen Schulabschluss Machen
- In den Serengeti Park fahren
- An den Strand fahren und schwimmen gehen
- In der Elbe schwimmen
- Im Sommer grillen
- Im Herbst im Regen tanzen
- Einen stundenlangen Ausritt machen
- So oft wie möglich zum Fußball gehen
- Nach London fahren
- Nach München fahren
- Eine neue Stadt kennenlernen
- So viel Reisen, wie nur irgendwie möglich

Es ist für mich wichtig, dass ich mir Prioritäten für das neue Jahr setze, damit ich mir einen groben Plan für mein Jahr machen kann.

Für mich selber habe ich festgestellt, das mir für das Jahr ungefähr vier Themenschwerpunkte reichen, damit ich nicht zu viel zu tun habe, aber mich trotzdem auf mehrere Sachen konzentrieren kann.

Am wichtigsten ist für mich immer die Familie. Sie haben für mich höchste Priorität.

Andere Vorschläge für eine Priorität im neuen Jahr können beispielsweise Arbeit oder Karriere sein.

Ich setze mir auch für jeden Monat neue Prioritäten. Deswegen sind meine Jahresprioritäten nicht ganz so wichtig für mich. Prioritäten verändern sich ja auch schnell, je nachdem, was gerade in meinem Leben ansteht.

Meine Jahresprioritäten setze ich hauptsächlich, um einen Fokus zu legen. Damit ich mir einfach am Anfang des Jahres darüber klar bin, was ich die nächsten zwölf Monate über machen werde. Das liegt daran, dass ich ein Kontrollfreak bin und gerne genau weiß, was auf mich zukommt und wie meine Zukunft aussieht. Das geht bestimmt nicht jedem so. Aber mir gibt es Sicherheit, wenn ich weiß, was ich zu erwarten habe.

Für 2018 war meine Priorität (nach der Familie natürlich) zum Beispiel meine Karriere als Autorin. Das ist etwas, wovon ich schon lange träume und wobei ich mir selber immer im Weg stand.

Warum Prioritäten für mich so wichtig sind

- Ich brauche eine klare Richtung und etwas, worauf ich meinen Fokus legen kann
- Ich lasse mich zu leicht ablenken
- Ich brauche Kontrolle und möchte gerne genau wissen, was passiert
- Ich liebe es zu planen

Das wollte ich ändern und sicherstellen, dass ich endlich dafür arbeite. Dass ich mich jeden Tag hinsetze und schreibe und schreibe und schreibe, bis ich mein Ziel erreicht habe und mich Autorin nennen kann.

Jahresziele setzten für Anfänger

- Jahresziel überlegen
- Verschiedene Zwischenziele überlegen, die dazu führen, dass du dein großes Ziel erreichst
- Deadlines setzten
- Versuchen diese Deadlines nicht zu überschreiten
- Solange arbeiten, bis du dein Ziel erreicht hast.

Um aus meinem Jahr auch wirklich das Beste herauszuholen und alles zu erreichen, was ich mir vorgenommen habe, muss ich mir klare Ziele setzen. Das ist für mich das absolute Muss.

Und ich liebe es, mir jedes Jahr neue Aufgaben vorzunehmen. Etwas zu haben, auf das ich hinarbeiten kann und worüber ich mich freuen kann, wenn ich es erreicht habe.

Dabei überlege ich mir genau, was ich im neuen Jahr erreichen will und wie ich es erreichen kann. Ich habe für mich gemerkt, dass ich Ziele am besten erreichen kann, wenn ich diese so genau wie möglich formuliere.

Beispielsweise wollte ich 2018 ein Buch schreiben. Diese Ziele wollte ich bis zum Jahresende erreichen. Dazu schrieb ich mir auf, was das für ein Buch sein sollte, nämlich ein Ratgeber. Dann überlegte ich mir, was genau ich dafür machen musste.

Zum Beispiel musste ich überlegen, für welche Zielgruppe ich schreiben wollte, oder was genau ich eigentlich erzählen wollte. Dann musste ich meine Themen recherchieren und diese zu einem Text zusammenfügen, der zu mir passt und authentisch klingt. Und wenn ein Buch fertig geschrieben ist, kann es ja noch nicht sofort veröffentlicht werden. Dann muss es überarbeitet werden, Lektorat und Cover folgen.

Es war also ziemlich viel, was ich tun musste, um am Ende des Jahres ein fertiges Buch zu haben, das ich veröffentlichen konnte. Um dabei nichts zu vergessen und wirklich jeden Zwischenpunkt zu erreichen, setzte ich mir ganz klare Deadlines, die ich einhalten musste. Damit stellte ich sicher, dass ich mein Ziel auch wirklich erreichen würde (und trotzdem gerate ich manchmal in Verzug).

Warum deine Vorstellungskraft Berge versetzten kann

- Du motivierst dich selber
- Du hast jedes Jahr die Chance es besser zu Machen
- Deine Gedanken funktionieren wie ein kleiner Motor
- Du musst es erst glauben, bevor es wirklich passieren kann
- Die Vorstellung daran, wie du dich fühlen wirst, wenn du deine Ziele erreicht hast, macht vieles möglich

Ich schreibe mir auch meine Erwartungen für das neue Jahr auf. Mir hilf diese Überlegung, mich zu motivieren und immer mein Bestes zu geben.

Diese Erwartungen fallen immer positiv aus. Denn nur ein positives Denken verschafft ein glückliches Leben und hilft dabei, alle Ziele zu erreichen.

Für mich bedeutet das, dass ich mir Gedanken darüber mache, was in den folgenden zwölf Monaten passieren könnte. In welche Richtung soll mein Leben gehen? Wie werde ich mich fühlen, wenn alles so passiert, wie ich mir das vorgestellt habe? Was für Folgen könnte das haben? Werde ich meine Ziele erreichen?

Und ich liebe es, darüber nachzudenken, was alles auf mich zukommen könnte. Mir gibt das ein gutes Gefühl für das, was kommt, ich fühle mich stark und unbesiegbar (besser kann man sich doch gar nicht für ein neues Jahr fühlen).

Mir ist die Frage wichtig, wo ich mich in einem Jahr sehe. Wie wird mein Leben in genau einem Jahr aussehen? Was wird sich verändert haben und wie werde ich mich fühlen? Vielleicht bin ich meinen Zielen dann schon deutlich dichter gekommen und ich sehe mit einem Lächeln auf all die harte Arbeit, weil ich weiß, dass sie es wert war.

Wenn ich darüber nachdenke, wo ich in einem Jahr stehen werde, wird mir klar, warum ich meine Ziele unbedingt erreichen muss.

Denn vielleicht ist in einem Jahr alles ganz anders, wenn ich immer mein Bestes gebe.

Ich habe auch aufgeschrieben, warum das nächste Jahr das beste meines Lebens wird. Was unterscheidet es von den anderen Jahren und warum wird es so viel besser werden?

Ganz wichtig ist auch, dass ich mir eine Übersicht über meine Finanzen mache.

Dazu setze ich mich eine halbe Stunde hin und überlege, wie viel Geld ich im kommenden Monat zur Verfügung haben werde und was ich davon an Essen, Tankfüllung oder für mein Pferd bezahlen muss. Ich zähle alle meine Ausgaben (und das sind viel zu viele) zusammen und überschlage, ob das reichen wird oder ob ich etwas streichen muss. Und wenn ich Glück habe, bleibt am Ende noch etwas übrig. Geld ist leider ein unvermeidbares Thema, und um aus deinem Jahr wirklich ein erfolgreiches zu machen, willst du dich nicht verschulden. Denn es ist blöd, wenn du plötzlich nicht mehr genug Geld hast, um etwas Wichtiges zu finanzieren. Mir fällt es schwer, dann nicht in einem Kreislauf zu landen, aus dem ich nie wieder herauskomme.

Natürlich können auch mal unschöne Überraschungen auf dich zukommen, oder deine finanzielle Situation verbessert sich im Laufe des Jahres. Das kannst du am Anfang des Jahres natürlich noch nicht wissen. Aber wenn du vorher planst, hast du schon mal eine ungefähre Idee, wie deine finanzielle Situation im nächsten Jahr aussehen wird.

Wie ich meine Finanzen plane

- Übersicht über Einnahmen erstellen
- Ausgaben in Kategorien teilen (meine Kategorien sind Needs7Pferd/Fußball und Hobby)
- Ausgaben im Blick halten
- Immer versuchen etwas zu sparen
- Alle Überraschungen und Urlaube etc. einplanen
- Vermeiden Geld spontan auszugeben

Zusammenfassung meiner Jahresplanung

1. reflektieren
2. das perfekte Plansystem finden
3. Oberthema für das neue Jahr wählen
4. eine Bucket-List schreiben
5. Prioritäten setzen
6. Ziele für das neue Jahr so genau wie möglich setzen
7. erfolgreiche Situation in einem Jahr visualisieren
8. Finanzen planen

Früher bin ich häufiger daran gescheitert, mein Jahr zu planen, was dazu geführt hat, dass ich meine Ziele nicht erreicht habe. Aber nachdem ich mir darüber Gedanken gemacht habe, was ich will und wie ich das am besten durchsetzen kann, ist mir viel mehr gelungen.

Jetzt schaffe ich es, bis zum Ende des Jahres motiviert zu bleiben, meine Vorsätze einzuhalten und meine Ziele zu erreichen.

Jetzt kann ich am Ende des Monats zufrieden nicken und mich darüber freuen, dass ich doch so erfolgreich war.

Dass ich mir am Ende des Jahres auf die Schulter klopfen kann und stolz darauf bin, was ich erreicht habe. Aber das Leben ist das Leben und manchmal werden wir mit etwas überrascht, dass wir am Anfang des letzten Jahres nicht haben kommen sehen und das alles durcheinanderbringen kann. Denke nur immer daran, dass du alle deine Ziele erreichen kannst, wenn du positiv an die Sache herangehst. Positivität ist der Schlüssel zu einem glücklichen Leben und wird dich voranbringen, während dich Negativität nur ausbremst. Du siehst also, dass du mit Planung, Positivität und Spontanität das beste Jahr deines bisherigen Lebens vor dir hast. Wiederhole das jedes Jahr und du wirst all deine Ziele und Träume erreichen können. Planung ist der erste Schritt zu einem erfolgreichen Leben.

2.

Warum Planung für mich der erste Schritt zum Erfolg ist

Ehrlich, ich bin kein organisierter Mensch. Ich bin vergesslich und manchmal etwas schusselig. Wie oft in meinem Leben sind Aufgaben liegen geblieben oder ich habe sie zu spät erledigt, weil ich meine Zeit nicht vernünftig plante, mir nicht aufschrieb, was ich zu tun hatte und sowieso alles ständig vergessen habe. Das hat mir das Leben teilweise wirklich schwer gemacht. Ich galt als Chaot und als unzuverlässig. Beides Dinge, die sich nicht besonders toll anhören. Und ich habe auch nie etwas zu meiner vollkommenen Zufriedenheit erreicht, weil ich ja immer alles viel zu spät erledigt habe. Meine Schulaufgaben blieben liegen, ich habe wichtige Dokumente viel zu spät abgegeben und mein großer Traum, ein Buch zu schreiben, blieb unerfüllt. Denn ich habe festgestellt, dass es Arbeit kostet, ein Buch zu schreiben. Und viel Zeit. Und diese will geplant sein.

Im Januar 2018 habe ich angefangen, meinen Alltag zu planen. Mir überlegt, womit ich meine Zeit verbringe und wie viel Zeit gewisse Dinge in meinem Leben einnehmen. Alleine mir darüber Gedanken zu machen, hat mir so viel weitergeholfen. Der Überblick, den ich danach hatte, hat mir in gewissen Bereichen die

Augen geöffnet. Zum Beispiel habe ich früher bei großen Tests und Klausuren viel zu spät angefangen zu lernen. Obwohl ich immer Glück hatte und trotzdem passable Noten geschrieben habe, hätte ich viel besser sein können, wenn ich mich rechtzeitig hingesetzt und wirklich gelernt hätte.

Mit meinem Buch, an dem ich seit 2015 schreibe, war es das Gleiche. Zugegeben, einmal habe ich es schon beendet. Aber nur, weil ich es beenden wollte. Eigentlich ist nichts daran gut. Weil ich immer wieder kurz zwischendurch geschrieben habe. Nichts an diesem Buch war wirklich geplant und ich habe mir dafür nie genügend Zeit genommen. Denn es reicht nicht, sich abends 20 Minuten an ein Manuskript zu setzen. Dann kommt selten etwas Gutes dabei heraus.

Also wollte und musste ich weg von diesem Chaosleben. Es hat mich selber genervt und in den Wahnsinn getrieben. Weil ich nie mit mir zufrieden sein konnte. Wie auch? Schließlich hatte ich ja nichts davon erreicht, was ich jemals erreichen wollte. Zugegeben, das Planen kostet viel Zeit und hin und wieder geht trotzdem etwas schief, ich vergesse das ein oder andere, oder ich nehme mir zu viel vor und kann nicht alles auf einmal erreichen.

Mir eine Monatsübersicht zu machen, meine Zeit zu planen, To-do-Listen zu schreiben – seit ich das richtige System für mich gefunden habe, fallen mir viele Dinge viel leichter. Ich bin mit mir selber zufrieden (an den meisten Tagen zumindest), und irgendwie habe ich auch ein neues Hobby gefunden. Niemals hätte ich gedacht, dass das Schreiben von Listen und das Planen zu einem Hobby werden kann, aber so ist es nun einmal. Denn ich liebe es einfach. Ganz besonders dann, wenn alles auch so funktioniert, wie ich es zuvor geplant hatte. Für mich bedeutet Planung nicht nur das Planen des nächsten Jahres oder der nächsten fünf Jahre. Vielmehr geht es um die Monate, um die Wochen und ganz besonders der einzelne Tag. Denn ich kann so viele Fünfjahrespläne schreiben, wie ich will, am Ende kommt es doch nur auf den einzelnen Tag an und darauf, was ich aus ihm mache.

Wie dein Monat richtig Bombe wird

Das Jahr hat zwölf Monat. Zwölf Chancen, das Beste aus dir herauszuholen. Zwölf Mal hast du die Möglichkeit, deine Ziele zu erreichen. Für mich ist Zeitplanung bei diesem Punkt das A und O. Ich musste für mich selber feststellen, dass mein Monat nur dann erfolgreich wird, wenn ich meine Zeit plane. Ein Monat hat maximal einunddreißig Tage und ich will an diesen einunddreißig Tagen alles tun, um mich am Ende des Monats gut zu fühlen und auf mich selber stolz sein zu können. Wie häufig sind die Monate früher nur so an mir vorbeigerauscht und ich habe es irgendwie verpasst, etwas zu erreichen. Klar, am Anfang des Monats hatte ich mir viel vorgenommen, aber gemacht habe ich nur das Wenigste davon. Ich bin an der Planung und an der Durchsetzung gescheitert. Das war ehrlich gesagt ziemlich frustrierend Weil ich mich immer nur im Kreis drehte und nie das erreichte, was ich mir vorgenommen hatte. Dabei wollte ich so viel.

Ich habe angefangen, mir meine Ziele aufzuschreiben, diese zu tracken und mir Gedanken darüber gemacht, womit ich meine Zeit verschwende. Dabei ist mir schnell aufgefallen, dass ich zum einen zu viel schlafe und viel zu viel Zeit auf YouTube und Instagram verbracht habe. Ganz zu schweigen von Netflix. Also habe ich mir einen Plan gemacht, wie ich das ändern und mich mehr auf meine Aufgaben konzentrieren kann. Das war am Anfang doch sehr schwer und es gab genug Tage, an denen ich zu lange geschlafen habe und dann nur den Tag vertrödelt habe. Das hat mich unglücklich gemacht und es kann unglaublich frustrierend sein, wenn mal etwas nicht funktioniert. Wie oft stand ich kurz davor, aufzugeben und doch wieder zu meinem chaotischen Leben zurückzukehren. Aber ich bin dran geblieben.

Es hat ungefähr bis Juni 2018 gedauert, bis ich die perfekte

Methode für mich gefunden hatte, wie ich mich an meine Pläne halten kann. Und ich lerne immer noch dazu.

Angefangen hatte ich damals mit dem ganz klassischen Listen schreiben. Ich schrieb einfach alles auf eine Liste, was ich im Januar gerne machen wollte und was ich zu tun hatte. Das hat leider nicht so gut funktioniert. Mir fehlte eine Übersicht darüber, was ich wann erledigen wollte.

Also fing ich an, mir To-do-Listen für jeden einzelnen Tag zu schreiben. Und ich liebe es. Nicht nur, dass es Spaß macht, diese Listen zu schreiben, ich habe mich auch auf das Gefühl gefreut, einen Punkt abzuhaken. Etwas erfolgreich geschafft zu haben. Einfach ein spitzenmäßiges Gefühl. Aber obwohl ich ein großer Freund von To-do-Listen bin, hat mir auch das nicht weitergeholfen, meinen Monat mit all den Aufgaben, die auf mich zukamen und mit allen Terminen, die ich hatte, übersichtlich zu gestalten.

Für mich selber habe ich herausgefunden, dass die Kombination aus Bullet Journal und Google Kalender am besten funktioniert. Ich habe eine Übersicht und kann mir Zeitfenster für meine Aufgaben gestalten. Aber nur, weil das für mich die beste Methode ist, heißt das nicht, dass auch du damit deinen Monat erfolgreich planen kannst. Dafür gibt es einfach zu viele verschiedene Varianten. Wenn es um das Thema Planen geht, hat jeder seine eigenen Vorlieben und muss das richtige System für sich selber finden. Früher habe ich beispielsweise meine Zeit mit einem ganz normalen Kalender geplant. Klassisch habe ich meine Termine in die dafür vorgesehenen Tageskästchen geschrieben. Davon bin ich aber mittlerweile abgekommen, weil ich festgestellt habe, dass ich in einem ursprünglichen Kalender einfach zu wenig Platz habe, um so zu planen, wie es für mich am besten funktioniert.

Das passende Planungssystem finden

- Über verschiedene Methoden informieren
- Verschiedene Methoden ausprobieren
- Geduldig sein und nicht frustriert sein, wenn du mit einer Methode nicht zurecht kommst

Im ersten Schritt, wenn es darum geht, einen neuen Monat zu planen, reflektiere ich den vergangenen Monat. Woran ich gut gearbeitet habe, was mir Freude bereitet hat und was vielleicht noch nicht so gut geklappt hat und noch besser werden muss. Erst wenn ich weiß, wie der letzte Monat für mich gelaufen ist und was gut und schlecht war, kann ich mich optimal auf den nächsten Monat vorbereiten und mir darüber im Klaren sein, was ich alles ändern und besser machen muss. Als ich damit anfing, ist es mir häufig noch schwergefallen, wirklich ehrlich zu mir zu sein. Beispielsweise gab es Monate, in denen ich meine Ernährung derartig schleifen ließ, dass ich komplett enttäuscht von mir war. Zuerst wollte ich mir das aber nicht selber eingestehen, denn das hätte ja bedeutet, dass ich versagt hätte. Also schrieb ich mir nicht auf, dass ich im nächsten Monat wieder mehr auf meine Ernährung würde achten müssen. Das bringt dann aber wenig, denn um etwas zu verbessern, muss ich mir erst eingestehen, dass es nicht so gut geklappt hat. Daraus habe ich gelernt, dass ich beim Reflektieren ehrlich mit mir sein muss. Es gibt schließlich auch immer Sachen, die wirklich gut laufen. Zum Beispiel hatte ich mir im September vorgenommen, wieder mehr Zeit draußen an der frischen Luft und im Reitstall zu verbringen, weil mir das einfach unfassbar viel Spaß macht. Und das habe ich auch geschafft. Wenn ich mir aufschreibe, dass ich das gut gemacht habe, ist es auch einfacher, die schlechten Sachen weniger unmotiviert zu betrachten und mich stattdessen auf die guten Sachen zu konzentrieren. Mir hilft das sehr dabei, den Fokus neu zu setzen und mir darüber klar zu werden, an was ich im nächsten Monat arbeiten muss. Für mich geht es darum, jeden Tag eine bessere Version von mir selber zu werden und nur mit mir selber zu konkurrieren.

Reflektion

- Was habe ich im letzten Monat erreicht?
- Was ist mir im letzten Monat gelungen?
- Was habe ich im letzten Monat noch nicht zu meiner Zufriedenheit erreicht?
- Was muss ich im nächsten Monat ändern bzw. besser machen?
- War es im Großen Ganzen ein erfolgreicher Monat?

Angefangen habe ich im Januar mit dem großen Plan, mein Leben zu verändern und organisierter zu werden und damit so erfolgreich zu werden, wie ich es mir schon seit Jahren vornehme. Ich schrieb eine Liste, wie mein idealer Monat aussehen sollte. Was ich im Idealfall alles schaffen könnte, was ich alles gerne unternehmen würde und was ich in meiner Freizeit machen wollte. Auf meiner Liste stand dann beispielsweise, dass ich einen neuen Film sehen wollte, eine Eins in Soziologie schreiben, drei Bücher lesen und einen Tag nur für mich nutzen. Dadurch, dass ich mir Gedanken über meine Monatsgestaltung machte, habe ich auch mehr danach gelebt. Ich hatte mir eine klare Vorstellung davon gemacht, was mich im nächsten Monat erwarten könnte. Ich habe eigentlich nie alles erreicht. Das hat mich am Angang wirklich frustriert, weil ich dachte, dass ich diese Liste vollständig abarbeiten müsste. Ich betrachtete sie als Aufgabenliste und nicht als das, was sie eigentlich wirklich ist: eine Liste mit Dingen, die ich gerne machen möchte. Nicht mehr und nicht weniger. Es ist nicht schlimm, wenn ich nicht alles schaffe, was ich mir vorgenommen habe, denn ich habe gelernt, dass ich nicht alles kontrollieren kann. Es kommen immer mal wieder Sachen dazwischen, sodass ich umplanen muss oder etwas nicht schaffe. Wenn ich mich davon nicht stressen lasse, sondern einfach weitermache, dann wird auch nichts passieren.

Mein idealer Monat April 2018
- Vegan und Gluten frei essen
- Geschichte, Media und Soziologie lernen
- Buch Nummer Eins überarbeiten
- In Buch Nummer zwei sechs Kapitel schreiben
- zwei Bücher lesen
- eine neue Stadt besuchen
- eine richtig gute Sache machen
- einen entspannten Tag im Bett verbringen
- 25 Euro sparen

Hand in Hand damit gehen meine Ziele. Was möchte ich am Ende des Monats erreicht haben? Was soll fertig sein? Da es unter anderem mein Ziel ist, Autorin zu werden und ich verschiedene Ideen für Bücher habe, setze ich mir für jeden Monat kleine Ziele, um eines Tages wirklich Autorin zu sein. Ich weiß, dass es bis dahin noch ein weiter Weg ist und ich viel arbeiten und auch Glück haben muss, um dieses Ziel zu erreichen, also versuche ich jeden Monat so viel wie möglich zu machen. Ich versuche, meine Ziele so genau wie möglich zu formulieren. Derzeit arbeite ich an einem New Adult Roman und für den Monat Oktober hatte ich mir das Ziel gesetzt, drei Kapitel dafür zu schreiben. Es waren nur so wenige, weil ich damals noch andere Projekte hatte, unter anderem diesen Ratgeber. Ich schrieb genau auf, wie viel und bis zu welchem Zeitpunkt ich an dem Roman arbeiten wollte. Das hat den Vorteil, dass mir ein klar formuliertes Ziel dabei hilft, es auch wirklich zu erreichen. Dann habe ich keine Ausreden und komme auch nicht unter Zeitdruck. Ich schreibe mir dafür am Anfang des Monats jeden kleinen Schritt auf, den ich erreichen muss: An welchen Tagen ich schreiben will, wie viele Wörter ein Kapitel ungefähr haben soll und wie viel Zeit ich dafür brauchen werde. Und während ich das gerade hier aufschreibe, fällt mir auf, wie mühselig das klingt. Das ist es auch, keine Frage. Für mich funktioniert es so aber am besten. Wenn ich mir meine Ziele so genau wie möglich setze und alles aufschreibe, mit Deadlines versehen, halte ich mich besser daran und bin gefühlt deutlich effektiver als früher.

Auch habe ich gemerkt, dass es mir leichter fällt, meine Ziele zu erreichen, wenn ich diese in verschiedene Kategorien aufteile. Zum Beispiel hatte ich für den Oktober 2018 folgende Kategorien: *Gesundheit*, *Gordon* (mein Pferd), *Karriere* und *Liebe/Soziales*. Die verschiedenen Kategorien helfen mir dabei, eine Übersicht zu behalten, und ich kann mich auf verschiedene Bereiche meines Lebens konzentrieren, ohne einen zu vernachlässigen (was mir früher gerne mal passiert ist).

Meistens schreibe ich mir in jeder Kategorie drei Ziele für den Monat auf, gelegentlich auch mehr. Denn ich habe am Anfang den Fehler gemacht, dass ich zu viel wollte und nicht alles davon erreichen konnte.

Bei einunddreißig Tagen kannst du einfach schlecht sechzig Ziele erreichen. So cool das auch wäre, es geht leider nicht. Es macht viel mehr Spaß und motiviert viel mehr, wenn du dir wenige Ziele setzt, diese aber erreichst, anstatt dass du dir viel zu viele Ziele setzt, die du gar nicht alle in einem Monat erreichen kannst.

Meine Zielplanung

- Große Jahresziele nicht aus den Augen verlieren
- Leben in Kategorien unterteilen
- Zu jeder Kategorie drei Ziele setzten
- Ziele so genau wie möglich formulieren
- Zeit für die Ziele einplanen

Grundlegend für die Monatsplanung ist auch, dass ich alle meine Termine kontrolliere und mir zu Beginn des Monats noch einmal übersichtlich in mein Bullet Journal schreibe. Egal ob es Geburtstage, Arzttermine, Deadlines oder Fußballspiele sind. In meinem Bullet Journal fange ich jetzt immer mit einer Monatsübersicht an. Für Juli 2018 habe ich mich beispielsweise für Kasten entschieden, für jeden einzelnen Tag, in die ich meine Termine schreiben konnte. Das war leider nicht so übersichtlich, wie ich es gerne gehabt hätte, also schrieb ich mir jeden Termin immer noch auf eine weitere Seite. Das war mir zu viel Aufwand und auch nicht wirklich übersichtlich, es hat aber bis September gedauert, bis ich ein neues System für mich entdecken konnte, das mir gut gefällt und die Übersicht hat, die ich brauche.

Ich kann es gut verstehen, wenn andere Leute einen Kalender bevorzugen, um ihre Termine zu planen, für mich funktioniert es einfach am besten, eine übersichtliche Seite mit meinen Terminen zu haben. Und die Erinnerungen von Google Kalender, die mich an jeden meiner Termine erinnern, sind auch eine große Hilfe. So kann ich gar nichts mehr vergessen.

Meine Terminplanung für einen neuen Monat

- Eingetragene Termine aus GoogleCalender für den Monat checken
- Übersichtliches Design in meinem Bullet Journal erstellen
- Termine eintragen
- Hoffentlich keinen Termin vergessen

Für mich ist es bei der Monatsplanung essentiell geworden, mir einen Habit Tracker zu erstellen, mit dem ich eine Übersicht über meine Habits (auf Deutsch Gewohnheiten) behalte. Denn ich habe festgestellt, dass ich meine Ziele einfacher erreiche, wenn ich gewisse Gewohnheiten verfolge, wie beispielsweise jeden Tag zu lesen oder ein bisschen zu schreiben. Eine meiner liebsten ist es, an so wenigen Tagen wie möglich Geld auszugeben. Um diese und andere zu verfolgen, also zu tracken, mache ich mir am Anfang des Monats eine Liste mit den Habits und einer Kontrollmöglichkeit. Das geht zum Beispiel mit Kästchen, die du jeden Tag abhaken kannst, oder als Kreisform. Alles ist möglich, was dir gut gefällt. Ich gestalte jeden Monat eine Seite, meistens in einem völlig neuen Design. Hatte ich im Februar noch eine Tabelle mit kleinen Kästchen, die ich ausgemalt habe, habe ich mich im Oktober für eine deutlich leichtere Variante entschieden und eine Liste erstellt, auf der ich die einzelnen Gewohnheiten abgehakt habe. Zugegeben, das ist nicht sonderlich kreativ, aber sehr effektiv. Auf Pinterest oder auf YouTube gibt es viele Ideen, wie du deinen ganz persönlichen Habit Tracker gestalten kannst.

Meine Gewohnheiten im Oktober 2018
- jeden Morgen mein Bett machen
- um 6:00 Uhr aufstehen
- drei Liter Wasser trinken
- Instagram-Post erstellen
- Kein Geld ausgeben
- kontrollieren, wie viel Geld ich noch habe
- fünfzehn Minuten aufräumen
- lesen
- Nachrichten gucken
- etwas Neues recherchieren
- schreiben

Schnell habe ich festgestellt, dass für mich ein Monat nur dann so gut abläuft, wie er sollte, wenn ich mir mindestens zwei Tage frei halte, an denen ich mich entspanne und einfach mein Leben genieße. Wir leben in einer Welt, die so schnell ist und wir sind alle ständigem Druck ausgesetzt, und um da entspannt und gesund zu bleiben, solltest du dir immer auch Zeit für dich nehmen. Zeit, in der du dich entspannen und wieder zu Kräften kommen kannst und auch einfach du selber sein kannst. Ich nutze diese Zeit gerne für ein Hobby wie Lesen oder um mit meinem Hund zu spielen. Gerne sehe ich mir auch eine neue Serie oder einen Film an. Oder ich mache einfach gar nichts. Hauptsache, ich entspanne mich und denke nicht an all das, was ich noch zu erledigen habe. Wenn ich mir diese Zeit nicht nehme, wird mir schnell alles zu viel und ich verliere auch die Motivation. Früher war bei mir dieser Pausentag eigentlich immer der Sonntag. Da ich aber seit kurzem als Sportjournalistin arbeite und meine Sonntage damit meistens auf einem Fußballplatz verbringe, variieren die Tage jetzt. Wann immer ich Zeit habe, versuche ich mir eine kurze Pause zu gönnen.

Egal ob ich schreibe, ob ich mich mit meinem Pferd beschäftige oder Termine und Deadlines organisieren muss – irgendwie ist immer etwas zu tun, und da muss ich mich wieder selbst zu einer Pause zwingen.

Tipps, wie du eine Pause einlegen kannst, ohne etwas zu verpassen

- Am Anfang des Monats zwei Tage einplanen, um die Zeit nur für dich zu nutzen
- Auch wenn du viel zu tun hast, dich an diese Tage zu halten
- Mach etwas, was dich entspannt und dir Spaß macht
- Am nächsten Tag wieder weitermachen (nur ein bisschen entspannter)

Auch wenn ich ewig über Listen und darüber, wie sehr ich sie liebe, schreiben könnte, soll es jetzt um eine ganz besondere Liste gehen, die für mich unvermeidbar ist, wenn es um die Monatsplanung geht – eine Prioritätenliste. Sie enthält, was mir besonders wichtig ist und was auf jeden Fall erledigt werden muss.

Beispielsweise hatte ich im Mai 2018 Abschlussprüfungen, weswegen meine oberste Priorität im April und im Mai das Vorbereiten für meine Prüfungen war. In den beiden Monaten habe ich auch kaum an meinen Buchprojekten gearbeitet, weil ich mich darauf konzentrieren musste, all den Stoff zu lernen und gute Klausuren zu schreiben.

Meine Prioritätenliste variiert jeden Monat, je nachdem, was ich erledigen muss. Beispielsweise war eine meiner Prioritäten im September 2018 mein Pferd oder auch meine Zukunftsplanung, um die ich mich nach bestehendem Abschluss kümmern musste.
Priorität Nummer eins ist immer die Familie. So oft es geht, versuche ich, Zeit für meine Familie zu finden. Bei meiner Mutter ist das kein Problem, weil ich noch zuhause wohne, aber für meine Großeltern oder meinen Vater versuche ich mir auch in einem hektischen Alltag bewusst Zeit zu nehmen. Familie ist mir so wichtig, und ich würde es schrecklich finden, zu einem Mitglied aus meiner Familie den Kontakt zu verlieren. Deswegen habe ich auch niemals ein schlechtes Gewissen, wenn ich ein Projekt unterbreche, um mit meiner Großmutter zu telefonieren. Familie geht für mich vor und ist und bleibt deswegen immer meine Priorität Nummer eins.
Meine zweite Priorität, die jeden Monat gleich bleibt, ist meine eigene Gesundheit, körperlich und mental. Dazu gehören Yoga, gesunde Ernährung und ausreichend Bewegung. Um ehrlich zu sein, vor 2017 habe ich keinen einzigen Gedanken an meine Gesundheit und an meine Ernährung verschwendet. Zugegeben, ich war erst sechzehn Jahre alt und da hat man einfach anderes im Kopf als die eigene Gesundheit. Und auch mit achtzehn muss ich mir noch nicht wirklich Gedanken machen. Aber ich weiß jetzt, dass ich damals viel zu ungesund gelebt habe. Heißt im Klartext, dass ich viel Süßes und Fettiges sowie viele Fertigprodukte gegessen habe. Ist ja auch viel leichter. Ich will jetzt gar nicht zu sehr auf gesunde Ernährung eingehen, dafür kenne ich mich damit immer noch viel zu wenig aus. Ich will nur sagen, dass ich mich besser und fitter fühle, seitdem ich mehr zu Fertiggerichten greife und viel frisches Obst und Gemüse esse.

Klar, ich schreibe viele Listen, aber die effektivste davon dürfte eindeutig meine Prioritätenliste sein. Ich habe eine Übersicht darüber, was mir im Monat am wichtigsten ist und worauf ich meinen Fokus legen muss. Dadurch gerate ich nicht in Gefahr, etwas zu vergessen oder nicht zu machen.

Wie ich eine übersichtliche Priroritätenliste schreibe

- Priorität Eins und Zwei sind klar (Familie und Gesundheit)
- Termine und Deadlines für den Monat kontrollieren
- Ziele für den Monat kontrollieren
- Überlegen, worauf ich den Fokus legen möchte

Zusammenfassung Monatsplanung

1. die perfekte Planmethode finden
2. den letzten Monat reflektieren
3. den idealen Monat aufschreiben
4. Ziele planen
5. Termine planen
6. Gewohnheiten planen und kontrollieren
7. Pausentage einplanen
8. Prioritätenliste schreiben

Ich bin ein sehr großer Freund des Planens geworden. Klar, es hat ein bisschen gedauert, bis ich das passende System für mich gefunden hatte, aber nachdem das der Fall war, hat es mein

Leben wirklich deutlich verbessert und effektiver gemacht. Ich habe meine Ziele seitdem erreicht und mich endlich an die Pläne gehalten, die ich mir zuvor so sorgfältig aufgeschrieben hatte. Besonders hat es mir geholfen, als ich angefangen habe, den vergangenen Monat zu reflektieren. Seitdem habe ich mich Monat für Monat verbessert. Ich weiß immer, woran ich arbeiten muss und was ich schon zu meiner eigenen Zufriedenheit erfüllt habe. Leider musste ich aber auch lernen, dass man das Leben nicht immer planen kann. Es gibt oft unvorhergesehene Ereignisse, mit denen ich davor nicht gerechnet hatte, die mein ganzes Leben in nur einem einzigen Moment ändern können. War das aber früher noch eine große Katastrophe für mich, habe ich mich heute damit abgefunden, dass immer wieder etwas passieren wird, mit dem ich nicht gerechnet habe. Das Leben ist einfach nicht planbar. Und das ist nicht unbedingt immer nur schlecht. Vielleicht öffnen sich neue Türen oder dir werden neue Chancen geboten. In dreißig Tagen kann viel passieren und wer weiß, wo du am Ende stehen wirst.

Planning is bringing the future into present so that you can do something about it now.

– Alan Lakein

Jeder Montag ist ein Neuanfang

Nach jedem Wochenende ist er plötzlich wieder da. Der so verhasste Montag. Lange habe ich den Montag wie die Pest gehasst. Das frühe Aufstehen, das ewige Warten bis zum nächsten Wochenende. Ich wollte jede Woche nur so schnell wie möglich hinter mich bringen, um dann wieder das Wochenende zu genießen. Ich nahm sie daher kaum wahr und versuchte, so wenig wie möglich darüber nachzudenken. Ich habe den Nutzen, den eine Woche haben kann, nicht gesehen. In einer Woche kann ich so viel schaffen. Es sind sieben Tage, an denen ich das Beste aus mir herausholen kann und alles machen kann, was ich liebe. Jedenfalls, wenn ich meine Woche richtig plane. Ich bin der festen Überzeugung, dass es am wichtigsten ist, jeden Tag auch einzeln zu planen. Ich glaube, dass ich meine Ziele so am effektivsten erreiche. Nichtsdestotrotz plane ich auch meine Woche. Ich sehe mir meine Deadlines an, ich kontrolliere meine Termine und überlege schon einmal, wann ich was am besten machen kann. Du kannst deine Woche so planen, dass du wirklich für alles Zeit hast. Es gibt so viele Dinge, die in einer Woche für mich Platz haben müssen. Ich will genügend Zeit mit meiner Familie verbringen, ich will mein Pferd jeden Tag sehen und jede Woche Trainingsfortschritte machen, ich will mit meinen Buchprojekten vorankommen und ich will so viele Fußballspiele wie möglich sehen. Und dazu muss ich natürlich auch noch arbeiten. Das sind viele Dinge, die ich in einer Woche machen will und ich gebe zu, nicht immer findet alles genügend Platz. Aber ich versuche, jede Woche so viel zu schaffen, wie nur irgendwie geht. Und das zweiundfünfzigmal im Jahr.

Montage waren für mich früher ein rotes Tuch. Ich habe sie einfach nur gehasst und das geht bestimmt vielen von euch auch so. Das wohltuende Wochenende ist vorbei, du musst wieder früh aufstehen und in den Alltag zurückkehren. Das ist hart und manchmal nervt es mich noch immer. Aber ich habe gelernt, dass an einer Woche nicht nur das Wochenende wirklich gut ist. Jeder Tag hat etwas Gutes, egal ob es ein Montag oder ein Samstag ist. Denn auch ein Montag hat positive Seiten. Eine neue Woche startet, das ist ein Neuanfang. Alles, was letzte Woche schlecht gelaufen ist, kann ich jetzt hinter mir lassen und mich in neue Aufgaben stürzen. Ich bekomme eine neue Chance, das Beste aus meiner Woche herauszuholen, und muss mich nicht mehr von den Ereignissen der letzten Woche herunterziehen lassen.

Mittlerweile gehört der Montag zu meinen Lieblingstagen. Weil ich ihn für mich dazu gemacht habe. Anstatt wie früher meine Zeit am Sonntag zu verplanen, habe ich mich jetzt entschieden, dafür den Montag zu nutzen. Dann kann ich alles erledigen, was in der letzten Woche liegengeblieben ist. Das heißt, dass ich mir meistens für den Montag nichts Festes vornehme. Dann gehe ich einkaufen und erledige zum Beispiel eine Aufgabe für meine Buchprojekte, zu der ich letzte Woche nicht gekommen bin, oder die nicht fertig geworden ist. Ich nehme mir dann einfach die Zeit, alles zu beenden und keine offenen Aufgaben mehr zu haben. Ich nenne das einen Get-your-shit-together-Tag, an dem ich auch E-Mails beantworte und alles erledige, was in meinem hektischen Alltag sonst untergeht.

Wenn ich mich dann also montags hinsetze und anfange, meine Woche zu planen, überlege ich zunächst, wie diese Woche idealerweise aussehen könnte. Genau wie in meiner Monatsplanung geht es dabei darum, mir meine Woche genau vorzustellen. Dann schreibe ich alles auf, was ich gerne erreichen möchte. Für eine Woche im September sah das beispielsweise so aus:

Ich wollte gern »Save Us« von Mona Kasten lesen, täglich zwei Harry Potter Bilder auf Instagram posten und eine Lektorin für mein geschriebenes Buch finden.

Wenn ich mir das alles aufschreibe, ist es einfacher, einer klaren Linie zu folgen. Meinen idealen Monat schreibe ich mir schon seit Januar 2018 auf, mit der Planung meiner idealen Woche habe ich erst im September 2018 angefangen. Und ich muss sagen, dass es mir wirklich hilft. Es klingt vielleicht erst einmal nach viel Arbeit und nach zu viel Planung. Aber viel wichtiger ist für mich, dass ich gerne am Ende der Woche auf diese Liste schaue und mich dann freuen kann, wenn meine Woche wirklich so abgelaufen ist, wie ich es gerne wollte. Das macht einfach Spaß und motiviert mich, auch in der nächsten Woche wieder alles so zu erledigen, dass ich so viele Ziele wie möglich erreichen.

Meine Zielplanung

- Große Jahresziele nicht aus den Augen verlieren
- Leben in Kategorien unterteilen
- Zu jeder Kategorie drei Ziele setzten
- Ziele so genau wie möglich formulieren
- Zeit für die Ziele einplanen

Ich will nicht groß darauf eingehen, weil ich es schon ausführlich erläutert habe, als ich über meine Monatsplanung geschrieben habe, aber ich möchte es dennoch einmal kurz erwähnen. Denn auch wenn ich meine Woche plane, ist Reflexion für mich ein wichtiger Punkt.

Ich habe gemerkt, dass ich meine Ziele besser und schneller erreiche, wenn ich mir im Klaren darüber bin, was gut und was schlecht läuft. Reflexion ist der Schlüssel zu dem erfolgreichen Leben, das ich gerne führen möchte.

Beispielsweise habe ich in der letzten Woche zu wenig Zeit mit dem Schreiben verbracht. Und dabei hatte ich wirklich viel zu tun. Aber da war diese Blockade. Ich hatte mein Buch gerade aus dem Lektorat zurückerhalten und es fiel mir schwer, mir Gedanken darüber zu machen und das umzusetzen, was meine Lektorin mir mit auf den Weg gegeben hatte. Nicht, weil ich es nicht wollte, sondern, weil ich das Gefühl hatte, es nicht zu können. Also lag das Manuskript eine Woche bei mir herum, ohne, dass ich wirklich etwas damit anfangen konnte. Am Montag war bei der Reflexion dann mein größter Punkt, dass ich mich hinsetzen musste, mir einen Plan über die

Änderungen machen und einfach anfangen musste. Und es hat funktioniert. Ich bin so viel weiter vorangekommen und hatte so viele Ideen, dass ich erst mal nicht wusste, wohin damit.

Reflexion ist ein wichtiger Punkt in meiner Planung geworden und ich kann dir wirklich nur empfehlen, dass du dich selber regelmäßig reflektierst. Mir hilft es dabei, mich weiterzuentwickeln (ich bin wahrscheinlich in den vergangenen neun Monaten weiter vorangekommen, als in den zwei Jahren davor) und habe mich stetig verbessert.

Warum du selbstreflektiert leben solltest

- Du bist ehrlich mit dir selber
- Du kannst Fehler nur vermeiden, wenn du dir über sie im Klaren bist
- Es macht Spaß sich selber zu sagen, dass man etwas gut gemacht hast
- Du entwickelst dich weiter
- Du wirst jeden Woche eine bessere Version von dir selber

Für jede Woche schreibe ich mir selber zwei kleine Ziele auf, die am Ende des Monats dazu führen, dass ich meine Monatsziele erreiche. Ich schreibe mir wieder haargenau auf, wie meine Ziele aussehen und was ich dafür tun muss. Wenn es zum Beispiel mein Wochenziel ist, zwei Kapitel eines Buches zu schreiben, notiere ich mir dazu, dass ich mich beispielsweise Mittwoch, Donnerstag, Samstag und Sonntag jeweils für zwei Stunden hinsetze und schreibe. Dann habe ich die kleinen Schritte geplant, mir Zeit dafür genommen, sodass ich diese Ziele zum Ende der Woche erreicht habe.

In den meisten Wochen entscheide ich mich für zwei Ziele, die ich auf jeden Fall erreichen möchte. Als ich angefangen habe, mir Wochenziele zu setzen, waren es meistens ungefähr fünf. Sehr schnell habe ich gemerkt, dass das zu viel ist. Ich habe nicht so viel Zeit, und wenn ich nicht alle meine Wochenziele erreichen kann, stresst mich das nur unnötig.

Also habe ich aufgehört, mich selber so unter Druck zu setzen, und mit zwei Wochenzielen komme ich jetzt viel besser klar. Natürlich geht vieles dadurch manchmal ein wenig langsamer, aber ich kann diese Ziele gut erreichen und bin mit den Ergebnissen zufrieden.

Gründe, um dir selber Wochenziele zu setzten

- Du behältst damit deine Wochenziele und deine Jahresziele im Auge
- Du weißt genau, auf was du dich in der kommenden Woche konzentrieren solltest
- Es macht Spaß seine Ziele zu erreichen
- Mit jedem Wochenziel, das du erreicht hast, kommst du deinem Jahresziel näher

Ich kann kaum glauben, dass ich das jetzt wirklich schreiben werde. Ich, der wahrscheinlich größte Chaot überhaupt. Aber es ist tatsächlich so, dass du deinen Get-your-shit-togehter-Tag auch nutzen solltest, um für Ordnung zu sorgen (was ist nur passiert, dass ich das jetzt wirklich schreibe?). Da ich noch zuhause wohne, beschränkt sich das meistens auf mein eigenes Zimmer und auf unseren Esstisch, den ich zu einem Schreibtisch umorganisiert habe.

Am Montag lege ich dann alles wieder an seinen Platz, wasche meine Klamotten (ja, obwohl ich zuhause wohne, muss ich das selber machen) und organisiere meine Tasche. Kurz gesagt, ich räume einmal gründlich auf.

Das erspart mir zum einen den Stress mit meiner Mutter, weil meine Sachen nicht mehr überall im Haus herumliegen. Ich verschwende aber auch meine Zeit nicht damit, nach irgendetwas zu suchen (wobei ich das manchmal trotzdem muss, weil meine Mutter gern einfach alles wegräumt).

Außerdem habe ich festgestellt, dass ich mich besser konzentrieren kann, wenn meine Umgebung ordentlich ist und nicht alles wild durcheinander fliegt. Niemals hätte ich damit gerechnet, aber es ist tatsächlich so. Wenn deine Umgebung ordentlich und aufgeräumt ist, fällt es dir auch leichter, deine Gedanken zu ordnen.

Plans are nothing; planning is everything.

– *Dwight D. Eisenhower*

Gründe, um regelmäßig für Ordnung zu sorgen

- Du kannst dich besser konzentrieren
- Irgendwie macht es auch Spaß aufzuräumen
- Es muss leider immer mal wieder sein
- Dein Zimmer/ deine Wohnung sieht einfach besser aus
- Du findest Sachen leichter
- (und wenn du noch zuhause wohnst, wird es dir auch Stress ersparen)

Zusammenfassung Wochenplanung
1. die ideale Woche aufschreiben
2. kurze Reflexion der vergangenen Woche
3. Wochenziele setzen
4. für Ordnung sorgen
5. einen Get-your-shit-togehter-Tag einplanen

Ehrlich gesagt ist es nicht meine Lieblingsaufgabe, meine Woche zu planen. Ich plane viel lieber meinen Monat und am liebsten Plane ich meinen Tag. Aber die Wochenplanung gehört für mich einfach dazu und sie hilft mir auch tatsächlich weiter. Nicht nur, dass ich eine schöne Übersicht habe (und das liebe ich ja). Ich kann mich auch auf meine Ziele fokussieren und lasse mich nicht mehr so leicht ablenken.

Ich plane meine Woche, wie ja auch meinen Monat, immer in meinem Bullet Journal, und auch dabei befolge ich verschiedene Systeme, je nachdem, wonach mir gerade ist. Im August 2018 hatte ich mir beispielsweise für jede Woche eine eigene Seite geschrieben, mit Kästchen für Reflexion, wichtige Termine, die ideale Woche, meine Wochenziele und für Notizen. Das hat auch ganz gut funktioniert und sah sehr hübsch aus. Aber bei dem Design kommt es auch immer darauf an, wie ich mich gerade fühle und was meine Monatsprioritäten sind.

Seit ich auch meine Woche plane, habe ich das Gefühl, dass ich effektiver und produktiver bin und das ich vor allem viel mehr schaffe. Mit der richtigen Wochenplanung kann ich aus den sieben Tagen so viel mehr machen und bin am Ende der Woche meinem Ziel wieder ein Stückchen näher.

Die Macht des einzelnen Tages

Ein Jahr hat 365 Tage. 365 Tage, an denen du deine Ziele erreichen und deine Träume verwirklichen kannst.

Ich weiß nicht, wie viele Tage ich schon an mir habe vorbeirauschen lassen, an denen ich rein gar nichts gemacht habe. Ich bin viel zu spät aufgestanden und habe den Tag einfach an mir vorbeilaufen lassen, während ich vor dem Fernseher saß. So bin ich meinen Zielen überhaupt nicht näher gekommen. Dann habe ich damit angefangen, zu planen. Ich habe mir meine Zeit eingeteilt und schnell festgestellt, dass ich viel mehr schaffen kann, wenn ich mir für jeden Tag eine To-do-Liste schreiben (To-Do Listen sind einfach das Beste, ich liebe sie sehr) und mir meine Zeit einteile. Ich fing im Februar 2018 an, meine Tage haargenau zu planen. Angefangen hatte ich damals mit kleinen To-do-Listen, die ich in ein Notizbuch schrieb. Das hat auch gut funktioniert, aber irgendwie wollte ich noch mehr. Also fing ich mit dem Bullet Journaling an. Ich habe alles in einem Buch und kann so viele Listen schreiben, wie ich will. Besonders toll an diesen Listen finde ich das Gefühl, wenn man eine große Aufgabe geschafft hat. Das beflügelt mich regelmäßig. Seit April 2018 plane ich meine Zeit aber auch mit Google Kalender. Jeden Morgen setze ich mich an meinen Laptop und öffne Google Kalender, in dem ich einfach alles stehen habe. Am wichtigsten ist für mich, dass ich mit Farben verschiedene Projekte blocken kann. Ich verschwende kaum noch Zeit und habe jeden Tag ein Gefühl dafür, wie viel Zeit ich für welches Projekt benötigen werde. Dadurch bin ich viel produktiver geworden und habe seitdem viel mehr geschafft.

Jetzt liebe ich das Planen von meinem Tag. Wenn es ums Planen geht, ist das mein absoluter Lieblingsteil. Ich habe schnell festgestellt, dass ein einzelner Tag sehr viel bewirken kann, wenn ich ihn richtig nutze.

Ich finde, dass wir aus jedem Tag das Bestmögliche herausholen sollten, um unser Leben wirklich zu leben und zu optimieren. Aber dafür braucht man einen Plan. Alles, was danach kommt, ist nur noch halb so schwer.

Failing to plan is planning to fail.

– Alan Lakein

Um den perfekten Tag zu planen, fange ich mit der Zeitplanung an. Sie ist absolut essentiell für mich. Der Tag hat vierundzwanzig Stunden, davon schlafe ich ungefähr sieben bis acht Stunden. Der Rest steht mir zur freien Verfügung. Ich kann den ganzen Tag nichts machen oder alle meine Aufgaben erledigen. Ich arbeite an drei Tagen in der Woche, am Wochenende bin ich als Sportjournalistin unterwegs. Das bedeutet, ich habe zwei Tage in der Woche Zeit, um an meinem Ziel zu arbeiten,

Autorin zu werden. Und das heißt, so viel zu schreiben, wie möglich. Genau genommen habe ich derzeit vier Buchprojekte, an denen ich arbeite. Das Größte ist natürlich dieses Baby hier. Bei zwei von ihnen plane ich nur eine grobe Idee, und für das nächste Jahr habe ich einen New Adult Roman geplant, an dem ich auch schon fleißig schreibe. Natürlich nicht gleichzeitig und manche Projekte erfordern derzeit auch noch deutlich weniger Zeit, aber es sind Ziele und Aufgaben von mir. Außerdem habe ich Hobbys, die Zeit beanspruchen, ich mache gerne Sport, ich trainiere regelmäßig beim Reiten, ich verbringe Zeit mit meiner Familie, und manchmal möchte ich mich auch einfach nur ausruhen. Das sind viele Dinge, die ich zeitlich einplanen muss. Wenn ich mir meine Zeit aber richtig einteile (und mich auch daran halte), dann kann ich aus jedem Tag das Beste herausholen. Und darum liebe ich das Planen so. An einem erfolgreich geplanten Tag kann man so viel erreichen und schaffen, ich war am Anfang selber überrascht, was alles möglich ist. Ich bin aber auch nur ein Mensch und 18 Jahre alt, was bedeutet, dass die Umsetzung nicht immer funktioniert. Derzeit habe ich noch viel Freiraum, was meine Zeitplanung für jeden Tag angeht, was leider die Gefahr mit sich bringt, rein gar nichts zu machen. An manchen Tagen verschlafe ich und dann bin ich schon so unmotiviert, dass ich überhaupt nicht anfange. Im Großen und Ganzen gelingt es mir aber immer besser und vor allem macht es mir viel Freude, meine Zeit zu planen, und meistens freue ich mich richtig darauf.

Warum ich Zeitplanung so sehr liebe

- Ich habe eine Übersicht
- Ich verschwende keine Zeit
- Ich schaffe alles, was ich gerne möchte
- Ich kann mir Pausen einplanen
- Es macht Spaß sich darüber Gedanken zu machen, wie mein Tag aussehen wird
- Manchmal geht die Zeit einfach viel zu schnell vorbei
- Ich habe viel zu tun und muss mir meine Zeit dafür einplanen
- Ich plane gerne

Wenn ich mich hinsetze und meinen neuen Tag plane, setze ich mir zuerst ein Tagesziel. Irgendetwas, das ich auf jeden Fall erreichen will. Das ist jeden Tag unterschiedlich und obwohl es fast immer etwas mit meinem Wochenziel zu tun hat, kann es auch sein, dass ich beispielsweise meinen Vater anrufen will. Meistens sind es aber kleine Ziele, die mir langfristig dabei helfen werden, meine großen Ziele zu erreichen – zum Beispiel, dass ich Autorin werden will. Mit einem Ziel vor Augen ist es leichter, morgens aufzustehen und den ganzen Tag an etwas zu arbeiten, das man nur für sich selber macht.

Warum ich Tagesziele so sehr liebe

- Ich setzte mir gerne Ziele
- Ich erreiche gerne Ziele
- Ich komme jeden Tag dichter an mein großes Ziel
- Ich habe etwas zu tun und etwas, auf das ich hin arbeiten kann
- Ich schlafe besser, wenn ich abends stolz auf mich bin
- Ich weiß, wie mein nächster Schritt aussieht
- Ich liebe es Dinge zu kontrollieren und nichts dem Zufall zu überlassen

Kommen wir zu meinem Lieblingsthema, wenn es um die Tagesplanung geht (oder generell um Planung) – die To-do-Liste.

Wenn ich mich morgens oder abends hinsetze und mir eine Liste mit Aufgaben schreibe, verliebe ich mich jedes Mal aufs Neue. Als klassischer Chaot habe ich früher ständig die Übersicht verloren und hatte absolut keine Ahnung, was ich als nächstes machen wollte.

Dann fing ich an, To-do-Listen zu schreiben, und war überrascht davon, wie viel man an einem Tag erledigen kann. Und das ganz ohne Stress.

Und am besten ist das Gefühl, wenn man sich ewig lang abrackert, völlig erledigt ist, dann sein Bullet Journal aufschlägt und hinter einen Punkt einen Haken setzen kann. Pure Glücksgefühle. Wenn ich diesen Haken setze, fühle ich mich unaufhaltsam und erfolgreich. Ich bin mir nicht sicher, ob das so gesund ist, aber ich bin total süchtig nach diesem Gefühl geworden. Es ist auch schon vorgekommen, dass ich mir zum Beispiel »frühstücken« auf meine To–do-Liste schrieb, nur um dann diesen Haken setzen zu können (das klingt wirklich nicht gesund).

Zusammenfassung Tagesplanung
1. Zeitplanung
2. Tagesziel
3. To-do-Listen

Auch wenn jeder Tag wichtig ist, um deine Ziele zu erreichen, solltest du den einzelnen Tag nicht überschätzen. Du musst nicht innerhalb eines Tages alle deine Ziele erreichen. Du kannst dich nur weiter auf sie zu bewegen. Es gibt ein Maximum an Dingen, die an einem Tag erledigt werden können. Denn schließlich willst du dich nicht überarbeiten. Denn daneben gibt es noch so viel anderes, das du nicht vernachlässigen solltest. All das Arbeiten ist nichts wert, wenn du irgendwann krank bist oder deine Familie seit Monaten nicht mehr gesehen hast. Versuche nicht, über dieses Maximum hinauszugehen, gib aber trotzdem dein Bestes. Wenn du jeden Tag etwas schaffst und damit auf größere Ziele hinarbeitest, wirst du deine Ziele auch erreichen. Es muss nicht immer alles sofort sein, also sei geduldig und genieße dein Leben. Du hast genügend Zeit, um all das zu erleben, was du erleben willst, und du hast genügend Zeit, um deine Träume in die Wirklichkeit umzusetzen. Es wird der richtige Zeitpunkt für alles kommen und du darfst nicht erwarten, dass alles sofort passieren wird. Denn das wird es nicht. Du brauchst ein wenig Geduld, darfst aber auch dein Ziel nicht aus den Augen verlieren. Ich habe gelernt, wie ich meinen Tag so planen kann, dass ich jeden Tag meinem Ziel ein bisschen näher komme, ohne, dass ich mich selber überarbeite.

3.

Wie aus einem Morgenmuffel ein früher Vogel wird

I get up in the morning looking for an adventure.

– George Foreman

Wer hasst es nicht, wenn frühmorgens der Wecker klingelt und man sich aus dem warmen Bett quälen muss. Morgens ist das Bett aber auch einfach viel gemütlicher als abends. Die Decke schmiegt sich um den Körper und alles ist schön warm und kuschelig, aber trotzdem müssen wir früh aufstehen und den Tag starten, denn schon die Nutellawerbung sagte: »*Der Morgen macht den Tag.*«

Ich habe für mich selber festgestellt, dass es zwar schwer ist, früh aufzustehen, es mich aber sehr viel weiter bringt. Nicht nur, dass ich produktiver bin, ich habe auch mehr Zeit, um meinen Morgen entspannt zu starten. Ich kann mir die Zeit nehmen, zu frühstücken, in Ruhe meinen Tag zu planen und etwas zu lesen.

Und das genieße ich sehr und das ist es mir wert, dass ich so früh aufstehe (früh bedeutet für mich zwischen fünf und halb sechs.

Es war aber am Anfang schwer, mich daran zu gewöhnen, und immer wieder habe ich verschlafen. Am Ende ist es eine Gewöhnungssache und ich musste es mir antrainieren. Das hat in meinem Fall ungefähr drei Monate gedauert.

Mir ist aufgefallen, dass ich deutlich mehr von meinen Zielen erreiche und am Tag mehr schaffe, wenn ich früh aufstehe.

Der Morgen startet einfach besser, wenn ich früh aufstehe und mir die Zeit nehme, meine Morgenroutine durchzuziehen. Und damit wird es auch jeden Tag leichter. Mittlerweile ist aus mir ein echter Frühaufsteher geworden und ich kann es mir gar nicht mehr anders vorstellen.

Ich würde jedem empfehlen, früh aufzustehen, egal wie hart es auch sein mag (manchen Leuten, fällt es auch sehr leicht, sie brauchen nicht so viel Schlaf).

Die Zeit morgens lässt sich wunderbar nutzen für kleine und schnelle Projekte, die du noch vor der Schule oder vor der Arbeit erledigen kannst. Oder du startest den Tag mit einer entspannten Morgenroutine. Denn wenn du früher aufstehst, hast du mehr Zeit, um dir ein gesundes Frühstück zu machen oder noch ein paar Kapitel in deinem Buch zu lesen.

Vielleicht kannst du die Zeit am Morgen auch nutzen, um noch ein Workout zu machen. Das habe ich sehr für mich entdeckt, weil es mir leichter fällt, wenn ich das direkt nach dem Aufstehen mache. Dann bin ich fokussierter und konzentrierter als am Abend. Finde für dich selber etwas, wie du am besten in den Tag starten kannst und was dich am Morgen am glücklichsten macht. Und damit meine ich nicht schlafen.

Some people dream of success while other people get up every morning and make it happen.

– Wayne Huzenga

Als ich angefangen habe, morgens früh aufzustehen, habe ich festgestellt, dass besonders meine Produktivität sich deutlich steigerte. Zum einen, weil der Tag dadurch mehr Stunden hat und auch, weil ich am Morgen produktiver bin. Du bist wach und dein Gehirn kann besser arbeiten und sich besser auf Aufgaben konzentrieren.

Und wie gut fühlt es sich an, wenn ich die unschönen und nervigen Aufgaben direkt am Morgen erledigt habe? Wenn ich durch den Tag gehen kann, ohne immer nur daran zu denken, was ich alles noch erledigen muss?

Ich fühle mich schlichtweg den ganzen Tag über motivierter und habe dieses Gefühl von Unaufhaltsamkeit. Dann kann ich einfach alles schaffen und bin am Ende des Tages zwar erschöpft, habe dafür aber auch meine To-do-Liste abgearbeitet.

Am Anfang ist mir dieser Unterschied besonders deutlich aufgefallen.

Wenn ich um halb sechs aufgestanden bin und mich dann um acht an meine Projekte setzte, schaffte ich eigentlich bis zum Ende des Tages alle meine Aufgaben. Bin ich aber erst um elf aufgestanden und habe dann auch noch meine Morgenroutine verfolgt, war es meistens eins, bevor ich überhaupt anfing, etwas zu machen. Und entweder machte ich dann kaum noch etwas, weil ich das Gefühl hatte, dass ich so oder so nichts mehr schaffen würde. Oder ich schaffte nur die Hälfte von dem, was ich mir eigentlich vorgenommen hatte.

Um meinen Tag wirklich produktiv zu starten, mache ich direkt nach dem Aufstehen mein Bett. Es klingt so banal und einfach, aber das kann so viel bewirken. Mir ist dabei aufgefallen, dass ich mich dann organisierter fühle und das Gefühl habe, dass ich schon etwas getan habe. Ich weiß nicht genau, warum das so ist, aber wenn ich mein Bett mache, bin ich produktiver.

Mein Zimmer sieht auch ordentlicher aus und ich kann mich auf meine Projekte konzentrieren. Probiere es einfach mal aus, die Wirkung wird dich wirklich überraschen.

Warum ich um 5:30 Uhr aufstehe

- Mein Tag verläuft besser und produktiver
- Ich habe die Zeit mich morgens zu entspannen
- Meine Morgenroutine braucht Zeit
- Ich kann morgens Sport machen
- Ich liebe es Morgens (besonders mit Sonnenuntergang)

Um aus meinem Morgen das Beste zu machen, habe ich eine feste Routine, die mir dabei hilft, erfolgreich in den Tag zu starten. Den Ablauf habe ich mir aufgeschrieben und dieser Zettel hängt jetzt an meinem Kleiderschrank, damit ich nichts vergesse (ich bin manchmal wirklich sehr vergesslich).

Es gibt bestimmte Dinge, die ich am Morgen erledigen möchte und für die ich mir meine Zeit einplanen muss. Das sind zum Beispiel meine Workouts. Ich gehe morgens gerne laufen und mache Kraftsport, das kostet Zeit. Ich achte auch darauf, jeden Morgen zu frühstücken, und plane das in meine Morgenroutine mit ein.

Seit ich mir meine Morgenroutine aufschreibe, fällt es mir leichter, mich daran zu halten und jeden Punkt abzuhaken. Mein Morgen ist organisierter und ich kann für alles Zeit finden, was ich tun will.

Hin und wieder variiert meine Morgenroutine auch, das hängt davon ab, wann ich zum Beispiel aus dem Haus muss. Wenn ich zuhause bleibe und an meinen eigenen Projekten arbeite, dann kann ich mir etwas mehr Zeit lassen. Wenn ich aber arbeiten muss, dann heißt es um sieben losfahren, da muss dann alles etwas schneller gehen.

Mit einer Morgenroutine habe ich für jeden Morgen einen Plan und bereitas abends etwas, worauf ich mich freuen kann. Dann fällt mir auch das Aufstehen leichter.

Meine eigene Morgenroutine sieht mittlerweile so aus:
- 05:30 aufwachen
- 10 min liegen bleiben und strecken
- 30 min Workout
- 30 min fertig machen und anziehen
- 20 min lesen + Nachrichten
- 20 min frühstücken + E-Mails checken und Podcast
- 7:30 Haus verlassen

The sun is new each day.

– Heraclitus

Besonders dann, wenn es draußen dunkel ist und es unter meiner Bettdecke so viel wärmer ist, fällt mir das Aufstehen schwer. Dann will ich einfach liegenbleiben und mir die Decke wieder über den Kopf ziehen.

Es dauert eine Zeit, bis ich mich daran gewöhnt habe, so früh aufzustehen. Wenn ich mir jeden Morgen die Mühe mache, dann ist es irgendwann leichter.

Entscheidend ist der richtige Alarm, der mich weckt. Da ich nicht so leicht von Weckern aufwache, hat mich früher meine Mutter immer geweckt. In meinem Auslandsjahr hatte ich niemanden mehr, der mich weckte, also musste ich lernen, mithilfe eines Weckers aufzustehen.

Anfangs hat das gar nicht funktioniert. Es war ein bisschen nervenaufreibend, weil ich immer Angst hatte, zu verschlafen, weil ich meinen Wecker nicht hörte.

Eines Tages habe ich dann den Radiowecker für mich entdeckt. Damit kann ich viel leichter aufstehen. Erst spricht jemand mit mir und danach laufen Musik und die Nachrichten. Davon wache ich viel leichter auf und bleibe auch wach. Allerdings muss ich sagen, dass für mich die beste Weckfunktion mein Hund ist. Sie springt einfach so lange auf mir herum, bis ich aufstehe.

Wie ich gelernt habe früh aufzustehen

- Über einen langen Zeitraum jeden morgen früh aufzustehen
- Die richtige Weckfunktion für mich finden
- Sofort aufstehen
- Mir selber ein Ziel setzten
- Wissen, warum ich so früh aufstehen will und was es mir persönlich bringt

Um morgens früh aufzustehen, muss ich abends auch früher ins Bett gehen. Ich brauche zwischen sieben und acht Stunden Schlaf, und wenn ich zwischen fünf und sechs Uhr aufstehen will, muss ich dementsprechend ins Bett gehen. Anfangs bin ich, meinen alten Gewohnheiten entsprechend, viel zu spät schlafen gegangen und kam folglich morgens nicht aus dem Bett.

Also habe ich mich umgestellt und gehe nun gegen zehn zu Bett. Meistens lese ich vor dem Schlafen noch eine halbe Stunde oder gucke YouTube-Videos, was mich entspannt. Wenn ich mal überhaupt nicht schlafen kann, trinke ich einen Kamillentee. Dadurch, dass ich eine sehr aufgekratzte und energiegeladene Person bin, fällt es mir häufig schwer, mich hinzulegen und zu schlafen. Ich muss zunächst runterkommen und mich entspannen. Meistens schlafe ich dann auch sehr schnell ein und kann den nächsten Tag ausgeschlafen starten.

Meine Tipps um gut zu schlafen und den Tag wach zu starten

- Vor dem Schlafengehen Lesen
- Mich zu entspannen
- Kamillentee trinken
- Raum abdunkeln
- Versuchen zu schlafen und nicht zu viel nachzudenken

Mir ist es wichtig, dass ich meinen Tag mit positiven Gedanken starte. Er verläuft viel besser und viel flüssiger, wenn ich positiv denke, statt dass ich sofort anfange zu zweifeln und mir unsicher über meine Projekte bin.

Um den Tag motiviert und inspiriert zu starten, setze ich mich am Morgen hin und plane und visualisiere meinen Tag. Wenn ich mir vorstelle, wie er ablaufen wird und wie ich meine Ziele erreichen kann, fällt es mir leichter, mit meinen Projekten anzufangen und auf meine Ziele hinzuarbeiten. Das macht meinen Tag von Anfang an besser und ich freue mich darauf anzufangen und aufzustehen.

Auch dadurch fällt es mir leichter, früh aus dem Bett zu kommen und ein echter Morgenmensch zu sein. Und mittlerweile liebe ich es mehr, als ich es mir jemals vorstellen konnte.

Was sich verändert hat, seit ich um 5:30 Uhr aufstehe

- Ich bin produktiver
- Ich mache mehr Sport
- Ich lebe gesünder, weil ich frühstücken kann
- Ich bin weniger gestresst
- Ich habe morgens Zeit zum lesen
- Ich habe mehr Zeit um an verschiedenen Projekten zu arbeiten

Begin each day with optimism and end each day with forgiveness. Happiness in life begins and ends within your heart.

– Doe Zantama

Im Sommer verbringe ich meinen Morgen gerne draußen auf der Terrasse an der frischen Luft. Das hilft mir dabei, wach zu werden und irgendwie habe ich das Gefühl, dann frischer zu sein. Ich will meinen Morgen entspannt starten und nicht durchs Haus eilen, weil ich viel zu spät dran bin (was bei mir recht häufig der Fall war).

Ich bin kein Naturkind und liebe das Stadtleben, aber am Morgen genieße ich auch die Ruhe, wenn alle anderen noch schlafen oder erst langsam wach werden. Besonders schön ist es auch, den Sonnenaufgang zu beobachten. Ich genieße eigentlich das schnelle Leben, aber morgens muss es dann doch immer ein bisschen langsamer und entspannter zugehen.

Der Morgen ist die Zeit, in der ich mich auf mich selber fokussiere. Über den Tag werden genug Probleme und Situationen auf mich zukommen, die ich lösen muss. Morgens will ich einfach nur langsam und ruhig in den Tag starten, ohne mich stressen zu müssen.

Am Morgen geht es nur um mich, was bedeutet, dass ich mir Zeit nehme, um an mich selber zu glauben und mich an meine Träume zu erinnern. Was ich will und wie ich dort hinkomme.

Meiner Meinung nach ist der Morgen die Zeit, die über meinen ganzen Tag entscheidet. Wenn ich gut in den Tag starte, gesund frühstücke und Sport mache, bin ich danach produktiver und habe auch mehr Spaß an meinem Tag und all den Aufgaben. Deswegen liebe ich den Morgen, auch wenn es manchmal hart ist, unter der Bettdecke hervorzukriechen.

Warum ich den frühen Morgen so liebe

- Ich starte entspannt in den Tag
- Ich kann mich auf mich selber fokussieren
- Es ist ruhig und still
- Manchmal kann ich den Sonnenaufgang beobachten

An early-morning walk is a blessing for the whole day.

– Henry David Thoreau

Ich muss ganz ehrlich sagen, dass ich bis vor sechs Monaten absolut kein Morgenmensch war und eigentlich immer verschlafen habe. Dann habe ich beschlossen, dass der Tag für mich zu wenig Stunden hat und ich mehr Zeit brauche, um meine Ziele zu erreichen. Und auch wenn es am Anfang sehr schwer war und ich auch nicht immer rechtzeitig aufgestanden bin, kann ich mittlerweile gar nicht mehr länger als bis um sieben schlafen. Ich schaffe viel mehr und fühle mich den ganzen Tag über besser. Das hatte ich nicht erwartet. Ich musste mich selber von der Wirkung überzeugen. Und jetzt weiß ich, dass es stimmt. Es macht Sinn, früh aufzustehen und danach Vollgas zu geben. Wenn du also noch ein Morgenmuffel bist, dann wird es Zeit, dass aus dir ein waschechter Morgenmensch wird.

Morning comes whether you set the alarm or not.

– Ursula K. Le Guin

Die perfekte Abendroutine für einen erfolgreichen Tag

What a nice night for an evening.

– Steven Wright

Ich habe festgestellt, dass ich nur dann morgens wirklich gut aus dem Bett komme, wenn ich abends eine entspannte Routine habe und früh schlafen gehe.

Das bedeutet für mich, dass ich auch eine Abendroutine brauche. Einen festen Plan, was ich mache und wann ich es mache. Mir hilft das nicht nur dabei, mich abends zu entspannen, sondern auch, mein Leben so organisiert zu halten, wie ich es mir wünsche.

Früher sahen Abende für mich so aus, dass ich zu lange wach war, zu lange ferngesehen habe und zu viel gegessen habe.

Um mein Leben zu organisieren, hatte ich nicht sofort an meine Abendroutine gedacht. Der Morgen und der Tag erschienen mir irgendwie wichtiger.

Aber damit ich meine Projekte erledige, brauche ich auch eine funktionierende Abendroutine. Denn für mich ist abends die Zeit, in der ich mich entspannen kann und nicht gestresst daran denken muss, was ich alles noch zu tun habe.

Also habe ich angefangen, mir darüber Gedanken zu machen, wie diese Abendroutine aussehen kann.

Jetzt nehme ich mir abends Zeit für mich und meine Mutter. Wir sehen uns den ganzen Tag über nicht und ich finde, dass es dann wichtig ist, Zeit mit der Familie zu verbringen und sich gegenseitig von seinem Tag zu berichten.

Für mich startet meine perfekte Abendroutine um sechs Uhr. Das klappt manchmal weniger gut, besonders, wenn ich lange arbeiten muss oder noch Training beim Reiten habe. Wenn ich aber den ganzen Tag zuhause bin und an meinen Bücherprojekten arbeite, schalte ich um sechs meinen Laptop aus und für den restlichen Abend auch nicht wieder an.

Für mich bedeutet das dann Feierabend und das genieße ich sehr. An Ausnahmetagen, habe ich tagsüber noch nicht all meine Aufgaben erledigt und nehme mir dafür dann am Abend Zeit.

Zum Beispiel fahre ich manchmal noch zum Reiten, wenn ich das vor sechs nicht geschafft habe. An den meisten Tagen plane ich also, bis um sechs Uhr fertig zu sein, aber oft hat der Tag leider doch zu wenig Stunden und es wird ein bisschen später. Wichtig ist mir dabei nur, dass ich irgendwann Feierabend habe, wo ich keine E-Mails mehr beantworte und keine Projekte mehr erledige. Häufig bin ich dann noch nicht einmal mehr auf Instagram aktiv. Ich brauche irgendwann einen Schlussstrich unter dem Arbeitstag. Gerne setze ich mich dann aber noch hin und plane neue Projekte und meinen nächsten Tag. Das gibt mir ein Gefühl von Entspannung und Zufriedenheit.

Mein Tipp hier ist also, irgendwann Feierabend zu machen. Wann das ist, hängt immer von deinem Alltag ab, aber irgendwann muss sich jeder auf sich selber konzentrieren und nicht mehr auf seine Arbeit, egal wobei es darum geht.

Wie auch bei meiner Morgenroutine schreibe ich mir genau auf, wie meine Abendroutine aussehen soll und wie viel Zeit ich für jede meiner Aufgaben einplane. Das hilft mir dabei, meine Abendroutine zu strukturieren und so genau wie möglich zu planen.

Ideal ist es, wenn ich abends vier Stunden zur Verfügung habe. Diese nutze ich auch wirklich komplett für meine Abendroutine und um mich zu entspannen.

Wenn ich nicht so viel Zeit habe, beschränke ich mich auf die für mich wichtigsten Dinge. Die sind für mich eindeutig das Abendessen, das Planen und mich selber bettfertig zu machen. Habe ich mehr Zeit, nutze ich diese so ausgiebig wie möglich.

Warum mir mein Feierabend so heilig ist

- Ich brauche eine Pause
- Ich werde schnell gestresst und muss auch mal an etwas Anderes denken
- Das Leben ist hektisch genug
- Ich setzte mich gerne hin und plane und reflektiere am Abend

Anfangen würde ich an deiner Stelle bei der Abendroutine damit, dir ein gesundes Essen vorzubereiten, das natürlich von dir selbst vorgekocht sein kann. Ich hasse Kochen eigentlich (ich hasse es wirklich sehr). Ich esse gerne gesund, aber Kochen ist nicht mein Fall. Es macht mir einfach keinen Spaß.

Und darum greife ich doch leider immer zu ungesunden Alternativen, die halt schnell gemacht sind, sodass ich nicht lange kochen muss. Das nervt mich selber. Um gesund zu leben, muss ich mir angewöhnen, selber zu kochen. Denn für mich bedeutet ein gesundes und erfolgreiches Leben auch, sich gesund zu ernähren.

Meine perfekte Abendroutine sieht zu dieser Zeit so aus:

- **18:00 Uhr – 19:00 Uhr** kochen und Abendessen
- **19:00 Uhr – 19:30 Uhr** nächsten Tag planen
- **19:30 Uhr – 20:15 Uhr** Bett fertig machen
- **20:15 Uhr – 21:00 Uhr** Lieblingssendung gucken
- **21:00 Uhr – 21:20 Uhr** Yoga
- **21:20 Uhr – 21:40 Uhr** Zimmer aufräumen und nächsten Tag organisieren
- **21:40 Uhr – 22:00 Uhr** lesen
- **22:00 Uhr** Schlafen gehen

Während ich koche, versuche ich auch immer noch ein paar Sachen im Haushalt zu erledigen, die halt einfach gemacht werden müssen und die am Tag liegengeblieben sind. Dann schmeiße ich noch die Waschmaschine an, räume die Geschirrspülmaschine aus und sauge vielleicht auch noch schnell.

Denn obwohl ich noch bei meiner Mutter lebe, habe auch ich meine Pflichten im Haushalt. Also nutze ich die Zeit während des Kochens, um sie zu erledigen.

Ideen für gesunde und schnelle Abendessen

- Tomatenwraps
- Asia-gemüse mit Nudeln
- Ofenkartoffel mit Lachs oder Pute
- Kichererbsen Salat mit Kidney-Bohnen, Ei, Tomaten und Mozzarella
- Frisches Gemüse mit Tofu und Süßkartoffelpommes

Wenn ich fertig gegessen habe, plane ich meinen nächsten Tag. Ich gucke mir an, was ich für Termine haben, schreibe mir eine To-do-Liste und sehe mir an, was ich alles zu tun habe.

Das kann zum Beispiel etwas für meine Bücherprojekte sein, etwas Privates wie ein Telefonat mit meiner Oma oder meinem Vater, oder etwas, was mit meinem Reittraining zu tun hat.

Als ich anfing zu planen, habe ich mir diese Liste am Morgen geschrieben und damit kam ich am Anfang auch wirklich sehr gut zurecht. Aber ich habe schnell festgestellt, dass ich besser schlafen kann, wenn ich für den nächsten Tag schon abends einen Plan habe. Wenn ich schon genau weiß, was ich zu tun habe und wann ich es machen will und wie viel Zeit ich dafür brauche. Für mich bedeutet das Entspannung und weniger Stress. Also habe ich das Planen auf den Abend verschoben und wenn ich jetzt morgens aufstehe, habe ich schon eine genaue Vorstellung vom kommenden Tag.

Genauso versuche ich, jeden Abend mit dem Tag abzuschließen. Ich kann nicht verändern, was tagsüber passiert ist, sondern ich kann nur nach vorne blicken und weitermachen. Also reflektiere ich und versuche herauszufinden, was ich besser machen kann. Denn auch wenn am vergangenen Tag vielleicht absoluter Mist passiert ist, muss das nicht auch für den nächsten Tag gelten. Ich kann mich verbessern und ich kann an meinen Fehlern arbeiten, wenn ich mir über diese im Klaren bin. Also setze ich mich jeden Abend hin und sehe mir genau an, wie mein Tag gelaufen ist und was ich noch ausbauen kann.

Warum ich am Abend plane

- Ich kann besser schlafen
- Ich weiß genau, was mich am nächsten Tag erwartet
- Ich plane gerne
- Ich kann den vergangenen Tag reflektieren und mich am nächsten verbessern
- Wenn ich morgens aufstehe, verschwende ich keine Zeit damit mir anzugucken, was ich eigentlich machen will und machen muss

Nach der Planung widme ich mich dem besten Teil des Abends, der reinen Entspannung. Dabei achte ich darauf, dass ich mich von dem Stress des Tages wirklich nicht mehr einholen lasse. Dann setze ich mich gern einfach mal fünf Minuten hin und atme nur tief durch. Ich werde schnell gestresst, besonders wenn ich zu viel zu tun habe, und diese fünf Minuten helfen mir dabei, herunterzukommen und nichts mehr an mich herankommen zu lassen. Dann verschwindet der ganze Stress.

Ich schlüpfe dann in meinen Harry-Potter-Kuschelpullover und mache mir eine Tasse Tee. Dann sehe ich mir vielleicht meine Lieblingssendung an oder lese noch ein paar Kapitel in meinem aktuellen Buch. Dazu höre ich gerne entspannende Musik, die mich herunterbringt und mir dieses kuschelig-warme Gefühl gibt, das ich abends gerne habe. Dann kann ich deutlich besser schlafen.

Einfach loslassen lautet meine Devise am Abend, nachdem ich tagsüber alles so kontrolliert festgehalten habe.

Wenn ich es schaffe, versuche ich auch mein Handy wegzulegen und mal keine Zeit in den sozialen Netzwerken zu verbringen. Ich bin sehr gerne auf Instagram, aber mir tut es auch gut, das Handy auszuschalten und mich auf mich selber zu konzentrieren.

Bevor ich dann zu Bett gehe, räume ich mein Zimmer auf, was auch zu einem besseren Schlaf führt. Das habe ich zumindest für mich festgestellt, da mein Zimmer früher immer sehr chaotisch war und ich eigentlich nur schlecht geschlafen habe. Also habe ich angefangen, jeden Abend aufzuräumen und seitdem schlafe ich deutlich entspannter. Es klingt für mich immer noch wie ein Wunder, dass ich jetzt so regelmäßig aufräume und dass Ordnung mir so wichtig geworden ist.

Weiß ich, dass ich am nächsten Morgen einen stressigen Tag habe und früh raus muss, lege ich auch mein Outfit schon heraus und packe meine Tasche für den nächsten Tag. Dann ist alles nach dem Aufwachen etwas weniger hektisch.

Für mich ist Entspannung zu einem der Hauptknackpunkte in meinem Leben geworden. Denn als ich anfing, meine Abendroutine zu planen und mich bewusst zu entspannen, ist mir erst aufgefallen, wie gestresst ich zuvor gewesen war. Und das wollte ich nicht mehr und jetzt habe ich es auch nicht mehr. Meine Pausen am Abend sind für meine Ziele genauso wichtig, wie das harte Arbeiten am Tag.

Tipps um runterzukommen

- Lesen
- Tee trinken
- Tief durchatmen
- Hobby nachgehen
- Ruhen
- Frische Luft
- Handy weglegen
- Lieblingsserie gucken
- Etwas gutes Essen
- Zeit mit der Familie verbringen

The evening sings in a voice of amber, the dawn is surely coming.

– Al Stewart

Zusammenfassung Abendroutine

1. Feierabend machen
2. Abendroutine aufschreiben und verfolgen
3. gesund essen
4. den nächsten Tag planen
5. entspannen

Für mich ist meine Abendroutine ein wichtiger Teil meines Lebens geworden. Denn für mich ist es schwer, wirklich Feierabend zu machen und mich zu entspannen. Dafür passiert einfach zu viel in meinem Leben. Es ist hektisch um mich herum und man muss immer viel mehr leisten, um an sein Ziel zu kommen und besser zu sein als all die anderen.

Aber mach eine Pause. Gib sie dir selber und nutze den Abend nicht, um noch Dinge zu erledigen und dauerhaft erreichbar zu sein, sondern um besser zu werden. Um wieder Energie zu tanken und dann am nächsten Tag erneut durchzustarten.

Für mich sind die Abendstunden besonders wichtig. Denn obwohl ich noch zuhause wohne, sehe ich meine Mutter sehr selten und meinen Vater sehe ich eigentlich gar nicht mehr. Also will ich die Zeit am Abend hauptsächlich für meine Familie nutzen. Denn Familie ist mir sehr wichtig und wenn ich mich entspannen will, dann verbringe ich gerne Zeit mit ihr. Egal ob wir Gesellschaftsspiele spielen oder gemeinsam unsere Lieblingsserie gucken. Das bedeutet für mich Entspannung und das will ich mir auch nicht nehmen lassen.

5.

Gewohnheiten, die mich und meinen Lebensstil verbessert haben

Winning is habit. Unfortunately, so is losing.

– Vince Lombardi

Ein wichtiger Schritt, um ein erfolgreiches, glückliches Leben zu leben, ist es, seine Gewohnheiten dem anzupassen.

Als ich anfing, darüber nachzudenken, was ich im Leben will und was ich dafür tun muss, ist mir aufgefallen, dass ich viel zu viele Dinge entweder falsch oder gar nicht gemacht habe. Ich hatte immer schon große Ambitionen. Mit dreizehn wollte ich beispielsweise Schauspielerin werden, aber ich war nie bereit, meinen Lebensstil diesen Ambitionen anzupassen. Anstatt auf Ziele hinzuarbeiten und etwas zu lernen, saß ich häufig nur faul herum und machte einfach gar nichts. Damit habe ich mir alles unnötig schwer gemacht.

Zugegeben, das waren bloß Träume und ich war mit dreizehn noch ein Kind. Es war also nicht weiter wild, dass ich meine Wünsche nicht umgesetzt habe. Jetzt bin ich jedoch volljährig und muss aktiv etwas tun. Ich bekomme nichts geschenkt, sondern muss dafür arbeiten, dass sich mein großes Ziel, die Sportschau zu moderieren, erfüllt.

Und war das lange Zeit nur ein Traum, habe ich nun verstanden, dass ich viel dafür tun muss. Es geht nicht, dass ich immer alles auf morgen verschiebe und meine Zeit damit verschwende, dass ich stundenlang meine Lieblingsserie anschaue. Das wird mich nicht weiterbringen.

Als ich im Januar 2018 anfing, mein Leben umzukrempeln, war mir das noch nicht klar, erst im Laufe der Zeit habe ich gemerkt, dass ich mein Leben in den grundlegenden Dingen ändern muss. Denn es hilft nichts, zu planen und zu planen, wenn ich diese Pläne nicht umsetze.

Es war sehr schwer für mich, diese große Veränderung in meinem Leben vorzunehmen und praktisch ein neuer Mensch zu werden. Daran scheitere ich auch jetzt noch und ich glaube auch nicht, dass es irgendwann so sein wird, dass ich alles perfekt mache. Dafür bin ich nach wie vor zu sehr ich. Zu chaotisch, zu spontan. Das habe ich mittlerweile akzeptiert. Ich kann mich nicht komplett ändern, ich kann mich nur verbessern. So weit, dass ich selber mit mir zufrieden bin und ich mir nicht selbst im Weg stehe, meine ambitionierten Ziele zu erreichen.

Gewohnheiten für ein erfolgreiches Leben

Für mich bedeutet Erfolg, dass ich mit mir zufrieden bin. Dass ich mir nicht selber im Wege stehe und immer alles versuche, um genau das zu bekommen, was ich will. Und anfangen muss ich dabei mit positiven Gedanken.

Ich bin von Natur aus ein positiver Mensch, deswegen ist mir das nicht besonders schwergefallen. Ich habe immer schon ein halbvolles Glas gesehen, anstatt ein halbleeres. Ich glaube, dass auch alles Schlechte immer eine gute Seite hat.

Als ich zum Beispiel große Probleme in der Schule bekam und mich nur verstecken wollte, fand ich ein neues Hobby. Ich glaube, dass ich niemals ein so großer HSV-Fan geworden wäre, wenn ich nicht diese Schwierigkeiten in der Schule gehabt hätte. Dann hätte ich keinen Zufluchtsort gebraucht und hätte mich nicht so sehr an diesen Verein gehängt. Ja, es war hart, diese Probleme in der Schule zu haben, und das hat mir auch einiges genommen, aber es hat mir auch etwas gegeben.

Auch wenn ich einen Fehler mache oder etwas schief geht, hat doch eine positive Seite, denn ich kann daraus lernen. Mit einer positiven Einstellung gelingen mir viele Dinge leichter, als wenn ich mich von meinen Zweifeln zerfressen lasse.

Aber auch mir fällt es manchmal schwer, die positive Seite zu sehen, und ich versinke in Selbstmitleid und glaube nicht mehr an mich selber. Das war besonders hart, als ich im September 2018 eine Absage von meiner Wunschuniversität bekommen habe und mich erst einmal wieder neu sortieren musste. Das war sehr schwer und es hat eine Weile gedauert, bis ich die positive Seite darin sehen konnte.

Aber es gibt eine positive Seite, wenn ich diese Absage nur aus dem richtigen Blickwinkel betrachte. Ich bekomme die Chance, etwas Neues zu probieren, und kann mich gut fühlen, wenn ich eine Herausforderung gemeistert habe. Das ist gut.

Für mich bedeutet Positivität, einfach immer ein Lächeln auf den Lippen zu haben und mich auch von kleinen Katastrophen nicht herunterziehen zu lassen. Denn wenn ich glücklich bin, habe ich schon den ersten Punkt auf meiner Liste für ein erfolgreiches Leben abgehakt.

Warum ich alles so positiv wie möglich sehe

- Nichts ist so schlimm, wie es auf den ersten Blick scheint
- Aus jedem Fehler kann man etwas lernen und sich weiterentwickeln
- Lachen hat noch niemandem geschadet
- Mit einer positiven Einstellung ist Alles schon ein klein bisschen einfacher
- Ich bin glücklicher

Ich denke, dass der größte Fehler den ich gemacht habe, war der, dass ich immer zu schnell aufgab. Tauchte eine größere Herausforderung vor mir auf, bin ich einfach umgekehrt und habe es gut sein lassen. Es würde sowieso nicht klappen, habe ich mir immer eingeredet.

Es hat an der neuen Schule nicht geklappt, na gut, dann lasse ich es halt sein. Mathe kann ich nicht, gut, dann ist das halt so.

Ich habe Fehlschläge und Herausforderungen überhaupt nicht an mich herangelassen, sondern einfach aufgegeben. Kaum ist mal etwas nicht so gelaufen, wie ich es wollte, habe ich es einfach sein lassen.

Mein erstes Buch, das ich 2015 schrieb, fand ich blöd, obwohl ich die Idee eigentlich mochte – egal, ich habe es sein gelassen. Weil es immer etwas gab, das ich nicht mochte. Weil irgendetwas immer nicht gepasst hat. Anstatt mich da einfach einmal durchzubeißen, es vernünftig zu beenden oder mir einen neuen Plan zu machen.

Es ist leicht, aufzugeben. Es nicht zu probieren, sich nicht durchzubeißen. Wenn es nicht sein soll, dann soll es halt einfach nicht sein.

Falsch. Es ist mein Leben und ich kann entscheiden, was passiert. Und wenn ich etwas will, dann muss ich so lange darum kämpfen, bis ich es bekomme.

Das hat mich zuerst angestrengt. Kämpfen würde ja bedeuten, dass ich meine Komfortzone verlassen müsste. Das ich etwas würde machen müssen, was mir vielleicht nicht ganz so gut passt.

Damit hadere ich immer noch. Über meine Grenzen hinauszugehen und wirklich zu kämpfen. Das klingt nach viel Arbeit und Stress.

Aber wenn ich etwas wirklich will, dann sollte ich bereit sein, über mich hinauszuwachsen zu verlassen und mich selber so zu puschen, dass ich meine Ziele erreiche. Ich sollte nicht mehr einfach aufgeben, sondern weitermachen, auch wenn es mal nicht so gut aussieht.

Warum ich niemals aufgeben sollte

- Was passiert, wenn ich es erreiche? Vielleicht bin ich meinem Ziel dann schon ein kleines Stückchen näher
- Das Leben ist nicht immer leicht- ich muss mich auch mal durchbeißen
- Ich kann stolz auf mich selber sein, wenn ich mal etwas außerhalb meiner Komfortzone erreiche
- Wo würde ich jetzt stehen, wenn ich nicht aufgegeben hätte?

Ich hatte immer wahnsinnige Angst davor, etwas falsch zu machen. Was passiert, wenn ich einen Fehler mache? Was passiert, wenn es nicht so funktionieren wird, wie ich mir das vorgestellt habe? Habe ich noch. Ich habe diese Angst immer noch. Sie kontrolliert mich an manchen Tagen so sehr, dass ich überhaupt nichts fertig bekomme. Denn ich weiß, dass ich Autorin sein will. Dass ich das Schreiben einfach viel zu sehr liebe, um es nicht zu sein. Aber dann ist da diese Angst. Vielleicht kann ich es einfach nicht? Vielleicht ist das der falsche Weg für mich?

Diese Angst macht mich verrückt und hält mich davon ab, so viele Dinge zu tun. Und was wäre, wenn ich diese Angst nicht hätte? Wenn es sie einfach nicht geben würde?

Vielleicht würde ich dann heute an einem anderen Punkt stehen. Ich erinnere mich an so viele Situationen, in denen mir meine Angst, einen Fehler zu machen, im Weg stand. Wenn ich diese Angst nicht so massiv gehabt hätte, dann hätte ich jetzt vielleicht mehr soziale Kontakte. Oder ich würde schon länger auf Springturniere gehen.

Diese Angst hat mich zu einer schlechteren Version von mir selber gemacht, weil ich mir immer wieder selbst im Weg stand und ich musste darüber nachdenken, ob es nicht auch okay ist, Fehler zu machen. Keine Frage, ich hasse es, Fehler zu machen, aber gehören sie nicht zum Leben dazu? Und müssen wir nicht Fehler machen, um uns weiterzuentwickeln und besser zu werden? Denn nur aus Fehlern kann ich wirklich lernen. Und nur weil ich einen Fehler mache, heißt das doch nicht, dass ich komplett versagt habe oder dass ich meine Ziele nicht erreichen werde.

Fehler sind menschlich und es ist kein Weltuntergang, wenn mal etwas nicht auf Anhieb funktioniert. Viel schlimmer ist es, aus Angst vor dem Versagen gar nichts zu machen. Nichts zu riskieren und all die großen Träume ziehen zu lassen. Und im Nachhinein muss ein Fehler auch gar kein Fehler sein.

Warum es okay ist, wenn ich Fehler mache

- Nur so kann ich lernen und mich verbessern
- Fehler sind menschlich
- Fehler können passieren und sind kein Weltuntergang
- Ich bin nicht perfekt und muss noch so viel lernen

Und dann sind da all diese Ideen in meinem Kopf. Meistens sind es so viele, dass ich sie innerhalb von Sekunden wieder verliere. Und wenn ich mal eine Idee brauche, sind sie alle fort. Dann ist keine von ihnen da und ich komme nicht weiter.

Ich habe schon früher gerne ein Notizbuch mit mir herumgetragen, aber ohne den großen Nutzen, den ich davon haben kann. Denn wenn mir jetzt eine Idee durch den Kopf schießt, warte ich nicht darauf, dass ich sie vielleicht irgendwann mal brauchen könnte. Ich zücke einen Stift und schreibe sie sofort auf. Dann kann ich sie nicht verlieren.

Und sollte ich einmal keinen Stift bei mir haben, muss dafür jetzt mein Handy herhalten.

Besonders wenn ich Ideen für eines meiner Buchprojekte habe, muss ich diese sofort aufschreiben – wie zum Beispiel Zitate, Namen, einzelne Szenen oder etwas, das den Plot auf ein völlig neues Level heben könnte.

Ich habe so viele Notizbücher bei mir herumfliegen, dass ich gar nicht zählen will, wie viel Geld ich dafür schon ausgegeben habe (es ist einfach zu viel Geld), aber ich nutze sie regelmäßig. Sitze ich beispielsweise vor einem Manuskript und komme überhaupt nicht voran, schlage ich eines meiner Notizbücher auf und fühle mich wieder inspiriert oder kann eine alte Idee einbauen, die ich eigentlich schon wieder vergessen hatte.

Und bei diesen Ideen kann es sich um alles drehen. Egal ob es um meine (noch nicht ganz angelaufene) Karriere oder um meinen Trainingsplan beim Reiten geht. Es gibt so vieles, das mir am Tag durch den Kopf schießt und das ich eigentlich festhalten sollte.

Warum ich immer ein Notizbuch bei mir habe

- Es sind so viele Ideen, die ich festhalten will
- Notizbücher sehen schön aus
- Ich fühle mich inspiriert, wenn ich durch meine alten Ideen lese
- Zitate sind so inspiriere und ich vergesse sie immer, wenn ich sie mir nicht aufschreibe
- Ich schreibe gerne

Laziness is nothing more than the habit of resting before you get tired.

– Jules Renard

Zusammenfassung Gewohnheiten für ein erfolgreiches Leben

1. positiv denken (alles hat eine positive Seite)
2. niemals aufgeben
3. die eigenen Fehler akzeptieren
4. Ideen in einem Notizbuch festhalten

Gewohnheiten für einen erfolgreichen Start in den Tag

Um erfolgreich in den Tag starten zu können, muss ich Schlaf zu einer Priorität machen. Wenn ich das tue, habe ich schon mal halb gewonnen. Denn ich kann mich besser konzentrieren und schaffe mehr, wenn ich gut und lange geschlafen habe. Das bedeutet, dass ich abends früher ins Bett gehen muss (ich bin eigentlich eine Nachteule) und ich dafür sorgen muss, dass ich gut schlafe. Was heißt, dass ich mein Handy vor dem Schlafengehen weglegen und nicht damit in der Hand einschlafe (kommt immer noch vor).

Eigentlich bleibe ich gerne bis ungefähr ein Uhr nachts auf. Dann habe ich das Wohnzimmer für mich und kann ganz entspannt meine Lieblingsserien auf Netflix schauen. Wenn ich allerdings erst um eins ins Bett gehe und eigentlich sieben bis acht Stunden schlafen sollte, heißt das im Zweifel, dass ich erst um neun aufgestanden bin. Wenn ich Ferien oder frei habe, ist das auch kein großes Problem, aber wenn ich mich morgens um acht gerne an meine Manuskripte setzen möchte und vorher schon mit meiner Morgenroutine durch sein will, dann funktioniert das so einfach nicht. Denn entweder stehe ich dann viel zu spät auf, oder ich bin überhaupt nicht ausgeschlafen. Und beides ist für das erfolgreiche Leben, das ich führen will, nicht zielführend.

Schlaf gehörte früher nicht zu meinen Prioritäten und ich habe überhaupt nicht darauf geachtet, wie lange oder wie gut ich geschlafen habe. Und dabei ist Schlaf so wichtig. Besonders wenn man sich den ganzen Tag konzentrieren will und wirklich etwas schaffen will.

Auch wenn es mir immer noch schwerfällt, musste ich Schlaf zu einer Priorität in meinem Leben machen. Das bedeutet, dass ich nicht ewig wach bleiben kann, um irgendetwas im Fernsehen zu gucken. Nun gehe ich zwischen zehn und elf ins Bett, und siehe da, ich bin morgens auch schon um fünf ausgeschlafen und kann mit jeder Menge guter Laune in den Tag starten.

Warum ich Schlaf zu einer Priorität gemacht habe

- Ich will am Tag viel erreichen und muss dafür ausgeschlafen sein
- Schlaf ist gesund
- Gute Laune am Morgen ist besser, als ständig zu verschlafen
- Schlafen ist einfach eines der besten Dinge auf dieser Welt

Kommen wir dann auch schon zum nächsten Punkt. Nämlich dass ich festgestellt habe, dass mein Tag deutlich besser abläuft und ich viel produktiver bin, wenn ich früh aufstehe.

Heißt im Klartext für mich, dass ich zwischen fünf und sechs Uhr aufstehe und dann auch schon direkt meinen Tag starte.

Denn wenn ich erst um neun aufstehe, ist es elf, bevor ich mit meiner Morgenroutine fertig bin. Gefühlt ist der Tag dann halb vorbei und entweder fange ich dann gar nicht richtig an oder ich schaffe nur die Hälfte von dem, was ich schaffen wollte.

Und wenn ich mich dann dazu zwingen, alles fertigzumachen, weil es einfach fertigwerden muss, bleibe ich doch wieder bis ein Uhr auf und verschlafe am nächsten Tag erneut.

Und das klang jetzt alles so schön, aber bitte nicht falsch verstehen, ich schlafe auch lieber bis um neun und bleibe dann einfach noch ein bisschen liegen. Das Problem dabei ist nur, dass ich in meinem Leben noch viele Dinge erreichen möchte. Und dafür muss ich eine ganze Menge tun, und da reicht es einfach nicht, wenn ich erst gegen Mittag anfange.

Wie es für mich leichter ist, morgens um 05:30 Uhr aufzustehen

- Musik als Alarm benutzen
- Sofort beim Alarm aufstehen
- Direkt das Licht anmachen und mich aufrichten
- Einen großen Schluck Wasser trinken
- Daran denken, was ich heute Alles machen will
- Einfach aufstehen (es hilft leider nichts)

Zusammenfassung Gewohnheiten für einen erfolgreichen Start in den Tag

1. Schlaf zu einer Priorität machen
2. früh aufstehen und in den Tag starten

Gewohnheiten für ein organisiertes Leben

Ich bin ein sehr chaotischer Mensch und mein Motto lautete immer: Das Genie beherrscht das Chaos.

Mein Schreibtisch quoll nur so über, mit verschiedenen Unterlagen, die ich gar nicht mehr zuordnen konnte, sodass immer wieder wichtige Dokumente verloren gingen. Meine Lieblingskleidungsstücke waren überall, nur nicht in meinem Kleiderschrank. Meistens lagen sie auf einem großen Berg auf meinem Stuhl und gehörten eigentlich in die Waschmaschine.

Meinen Schlüssel habe ich so oft verloren, dass ich manchmal kaum glauben kann, dass ich ihn jedes Mal wiedergefunden habe (einmal hatte ich sogar über zwei Monate lang keine Ahnung, wo er sich befand). In meiner Familie gelte ich als Chaosmensch. Meine Mutter sagt häufig, dass es überall, wo ich war, so aussieht, als wäre ich auf der Flucht.

Ich bin auch nach wie vor noch ein chaotischer Mensch, keine Frage, ich habe nur angefangen, mir darüber Gedanken zu machen, warum ich so unordentlich bin. Und als ich während meines Auslandjahrs all meine Sachen in einem einzigen Zimmer verstauen musste, und ich anfing, über meine Zukunft nachzudenken, habe ich gemerkt, dass ich eine gewisse Grundordnung brauche. Das hilft mir, konzentrierter zu arbeiten und Zeit zu sparen, wenn ich etwas suche.

Es ist mir nicht leichtgefallen, diese Gewohnheit des regelmäßigen Aufräumens und der Ordnung wirklich einzuhalten. Aber es geht, auch für einen Chaoten für mich. Jedenfalls wenn ich diszipliniert bleibe und nicht in meinem eigenen Chaos versumpfe.

Und irgendwie bin ich in den letzten Monaten wirklich ordentlich geworden (was mich selber am meisten erschreckt und begeistert hat) und habe mir angewöhnt, immer alles gleich an seinen Platz zu legen. Und ich mag es jetzt eigentlich nur noch, wenn alles schön aufgeräumt ist (und mein Schlüssel hängt jetzt immer am Schlüsselbrett). Tschüss, Chaosmensch, heißt es jetzt, ich werde dich ein bisschen vermissen.

Wie ich mir angewöhnt habe, mein Leben ordentlich zu halten

- Auf meinen Stuhl und auf meinem Boden haben meine Klamotten nichts zu suchen
- Regelmäßig (eigentlich täglich) aufräumen
- Alles hat seinen festen Platz
- Meinen Schlüssel immer sofort ans Schlüsselbrett hängen
- Das Chaos nicht zu groß werden lassen

Quality is not an act, it is a habit.

– Aristoteles

Eine Gewohnheit, die mir dabei hilft, mein Leben ordentlich und organisiert zu halten, ist die, dass alles seinen festen Platz haben muss. Der Schlüssel gehört ans Schlüsselbrett, der Pyjama unter mein Kopfkissen, die Hundeleine an den Haken.

Wenn ich alles an seinen festen Platz lege, muss ich nicht ewig nach etwas suchen – wie beispielsweise
früher nach meinen Markern. Wenn ich einen meiner Texte lese und dabei überlege, wo ich noch etwas ändern könnte, markiere

ich gern jeden Satz farbig, den ich noch ändern möchte. Früher hatte ich aber immer das Problem, dass meine Marker überall im Haus verteilt waren, weil ich dafür keinen festen Platz hatte. Anstatt also meine Texte zu lesen, musste ich erst einmal ewig nach meinen Markern suchen und verschwendete damit wertvolle Zeit. Jetzt liegen sie alle ordentlich in einer Schublade und wenn ich einen brauche, weiß ich genau, wo ich danach suchen muss. Spart Zeit und Stress.

Das ist mit jeder Sache so. Es kostet so viel Zeit und Nerven, nach etwas zu suchen, das eigentlich einen festen Platz haben könnte. Wenn ich genau weiß, wo alles ist und wo ich danach gucken muss, macht das mein Leben deutlich einfacher.

Warum meine Sachen alle einen festen Platz haben

- Ich will in einem ordentlichen zuhause leben
- Ich hasse es, nach etwas zu suchen
- Es macht mein Leben so viel einfacher
- Ich verschwende keine Zeit mit suchen

In meinem Auslandsjahr in England ist mir aufgefallen, dass ich viel zu viele Dinge benutze, die ich überhaupt nicht brauche. Das habe ich besonders gemerkt, als ich versuchte, meinen Koffer zu packen. Fragt mich nicht, warum ich meinen HSV-Schal mit nach England genommen hatte. Zumal ich noch ungefähr zehn andere Sachen vom HSV dabei hatte. Statt einundzwanzig Kilo hatte ich am Ende dreißig. Völlig unnötig. So viel hatte ich überhaupt nicht gebraucht. Ich konnte mich nur von meinen Sachen nicht trennen.

Als ich wieder nach Hause geflogen bin, hatte ich das gleiche Problem. Ich hatte einfach zu viele Sachen. Meine Mutter hatte mir immer noch Dinge geschickt, ich war zwischendurch zuhause gewesen und hatte von da noch mehr Zeug mitgenommen. Schließlich musste ich unzählige Sachen zurücklassen.

Wieder zuhause dachte ich darüber länger nach. Ich sah mich in meinem Zimmer um und stellte fest, dass ich so viele von meinen Dingen nicht brauche (abgesehen von meinen Büchern – davon gebe ich keines ab). Kleine Sachen, die mein Zimmer unbemerkt vollmüllen. Die mussten raus. Ich schmiss tatsächlich alles weg, was ich länger oder noch nie benutzt hatte. Und das war erschreckend viel.

Alleine die ganzen Aufbewahrungskisten, die sich in meinem Zimmer angesammelt hatten – ich besitze überhaupt nicht genug, um sie alle zu füllen (nicht einmal ich habe so viel).

Ich denke, dass ich ordentlicher und organisierter leben kann, wenn ich nicht so viel besitze. Zumal ich das meiste nie benutzt habe. Jetzt habe ich mir angewöhnt, nur die Dinge zu besitzen, die ich auch tatsächlich gebrauche. Alles andere fliegt raus (ich spende auch gerne alte Sachen – denn nur, weil ich sie nicht mehr brauche, heißt das nicht, dass sich jemand anderes nicht darüber freut).

Warum ich so wenig wie möglich besitzen will

- Mein Zimmer sah immer so zugemüllt aus
- Ich gab viel zu viel Geld für Dinge aus, die ich gar nicht benutz habe
- Jemand anderes freut sich vielleicht noch darüber
- Ich will ja ordentlich leben – das geht nicht, wenn ich mehr besitze, als in meinem Zimmer Platz hat

Zusammenfassung Gewohnheiten für ein organisiertes Leben
1. regelmäßig aufräumen
2. alles muss einen festen Platz haben
3. so wenig wie möglich besitzen

Gewohnheiten für ein mental gesundes Leben

Ein Thema mit dem ich mich näher auseinandersetzen musste, war meine mentale Gesundheit. Denn obwohl ich ein positiver Mensch bin, der eigentlich immer gut gelaunt ist, kann es bei mir auch ziemlich bergab gehen. Wenn ich schlechte Laune bekomme, weil ich zu gestresst bin oder an mir selber zweifele, ist von meinem Optimismus nicht mehr viel übrig.

Ich habe mich immer viel zu leicht stressen lassen, schon deshalb, weil ich häufig viel zu viel von mir selber erwarte. Und wenn es hektisch wird, neige ich leider dazu, schnell die Nerven zu verlieren. Das hat mich krank gemacht. Ich habe ungefähr im Juni 2018 begonnen, mich mehr mit meiner mentalen

Gesundheit auseinanderzusetzen. Wie ich verhindern kann, dass ich so schnell gestresst werde und so schnell an kleinen Herausforderungen scheitere. Und ich habe festgestellt, dass ich mir viel zu wenig Pausen gegönnt habe. Ich wollte immer alles schnell und sofort und irgendwann brauchten mein Körper und mein Geist einfach eine Pause. Die wurde dann mit Krankheit eingefordert. Dann wurde mir schwindelig und ich fühlte mich schwach und matt.

Besonders in der Zeit meiner Abiturprüfungen habe ich sehr drunter gelitten. Ich wollte nicht aufhören zu lernen, weil ich mich selber so unter Erfolgsdruck setzte, und dann hat mein

Körper einfach aufgegeben. Ich glaube, dass ich an drei oder vier Wochenenden in der Zeit einfach nur in meinem Bett lag, an gar nichts denken konnte und kaum aufgestanden bin. Nicht weil ich das so wollte, sondern weil ich einfach nicht mehr konnte.

Deswegen habe ich mich dazu entschieden, mir Pausen zu gönnen. Auch dann, wenn ich viel Arbeit habe und ich so viel schreiben und erledigen müsste, setze ich mich hin und lasse Arbeit Arbeit sein. Dann lese ich ein gutes Buch und konzentriere mich auf die Geschichte. Lesen entspannt mich und hilft mir dabei, abzuschalten.

Wenn ich Pausen mache, kann ich durchatmen und mich wieder neu fokussieren.

Gründe, warum ich eine Pause mache

- Stress ist nicht gut für meine Gesundheit
- Mein Körper gibt irgendwann auf
- Ich kann mich wieder konzentrieren und auf neue Aufgaben fokussieren
- Lesen macht Spaß
- Durchatmen kann dir eine völlig neue Sicht auf die Dinge geben

Um mental gesund zu bleiben, habe ich mir angewöhnt, hin und wieder mein Handy wegzulegen. Ich denke, für viele Teenager und junge Erwachsene ist es ganz normal, ständig auf das Handy zu gucken und zu sehen, was all die Influencer gerade machen. So wie mir geht es dabei bestimmt nicht jedem, aber ich habe mich immer sehr davon beeinflussen lassen, was die Influencer sagen, machen und tun. Ich fing an zu glauben, dass es normal ist, ständig durch die Welt zu reisen, jede Woche groß shoppen zu gehen und jeden Tag erst mittags aufzustehen. Da ich das aber nicht kann, wurde ich unglücklich und unzufrieden. Es hat mich Jahre gekostet, um herauszufinden, dass dieses Leben nicht normal ist. Dass ich nicht bis zum Mittag schlafen kann und mein Leben nicht so einfach ist.

Wenn ich auf meine mentale Gesundheit achten will, sollte ich mein Handy immer mal wieder einfach weglegen, damit ich mich auf mich und auf mein Leben konzentrieren kann. Ich habe mir das mittlerweile richtig angewöhnt. Dann bin ich nicht erreichbar und checke auch nicht ständig Instagram oder YouTube, sondern konzentriere mich nur auf mein eigenes Leben. Dann geht es nicht darum, was all die Influencer gerade so machen, sondern ganz alleine darum, wie ich meines gestalte und ob ich meine Ziele erreiche oder nicht. Die Realität ist viel wichtiger als alles, was sich in der virtuellen Welt abspielt. Und ich bin wirklich ein großer Freund von Instagram, von Pinterest, Blogs und allem, was das Internet so Wunderbares hergibt. Aber manchmal brauche ich eine Pause davon. Denn ich fange schnell an, mich schlecht zu fühlen, wenn ich sehe, dass irgendein Influencer schon wieder in den Urlaub fährt oder wieder shoppen gegangen ist. Dann will ich auch mehr und bin schlichtweg unzufrieden mit allem. Und dafür gibt es keinen Grund, denn wenn ich mein Leben betrachte, dann mag ich es wirklich gerne. Ich habe alle Möglichkeiten, ich habe das Glück, mehrere große Leidenschaften zu haben und diese zu meinem Beruf machen zu können (und das sogar vereint). Ich kann mich also wirklich nicht beschweren. Wenn ich das nur nicht hin und wieder vergessen würde.

Also Handy weg für ein oder zwei Stunden am Tag. Das hat bei mir schon wirklich etwas verändert. Oder auch irgendwo hinzufahren und das Handy einfach mal nicht mitzunehmen. Nicht erreichbar zu sein und sich nur auf den Moment zu konzentrieren. Ohne ihn zu posten.

Warum mein Handy manchmal einfach unbenutzt herumliegt

- Ich muss nicht dauerhaft erreichbar sein
- Ich möchte mich auf mein eigenes Leben konzentrieren
- Instagram ist nicht die Realität
- Ich fühle mich schlecht und schätze mein eigenes Leben nicht mehr anständig

Meine Mutter sagt immer, dass ich für meine eigenen Fehler geradestehen muss. Dass ich mir gegenüber ehrlich sein muss. Wenn ich etwas falsch mache, sollte ich niemandem außer mir dafür die Schuld geben. Denn niemand kann etwas dafür, wenn ich in einer Arbeit eine Drei geschrieben habe. Dann hatte ich wahrscheinlich nicht gut genug gelernt (das war häufig der Fall), oder ich habe mich von irgendetwas ablenken lassen.

Doch für mich waren immer die anderen schuld. Denn ich konnte ja auch nicht richtig für den Test lernen, wenn eine meiner Freundinnen mir schreiben wollte. Also war sie in meinen Augen schuld. Ich hätte ihr auch sagen können, dass ich lernen musste (und das wäre das einzig Richtige gewesen). Aber ich sah nur, dass sie mich abgelenkt hatte.

Ich habe immer nach Ausreden gesucht, und wenn es nach mir ging, war ich eigentlich nie schuld. Denn das hätte ja bedeutet, dass ich hätte einsehen müssen, dass auch ich Fehler mache. Dass ich nicht perfekt bin. Davor hatte ich aber immer viel zu viel Angst, also habe ich nur nach Ausreden gesucht.

Es hat mich viel Arbeit an mir selbst gekostet, dieses Verhalten abzustellen und auch die Fehler bei mir zu suchen. Nicht immer nur irgendetwas zu erfinden, warum mich keine Schuld trifft. Ich will jetzt Verantwortung für mein Handeln übernehmen. Denn wenn ich einen Fehler mache, muss ich auch dafür geradestehen. Und es ist ja auch nicht schlimm, Fehler zu machen. Dafür bin ich ein Mensch. Ich bin weder perfekt noch unfehlbar. Das ist mir in den letzten Monaten bewusst geworden.

Und ich kann nur aus meinen Fehlern lernen, wenn ich mir selber eingestehe, dass ich einen gemacht habe. Ich bin für meine eigenen Taten verantwortlich und ich kann mich und mein Verhalten ändern.

Jetzt fange ich immer bei mir an, wenn es darum geht, dass etwas falsch gelaufen ist. Warum ist es falsch gelaufen und was kann ich beim nächsten Mal besser machen?

Warum du die Verantwortung für deine Fehler übernehmen solltest

- Meistens sind die anderen nicht schuld
- Ausreden werden dich nicht verbessern
- Wenn du ehrlich zu dir selber bist, bist du glücklicher und zufriedener
- Du kannst Fehler nicht verbessern, über die du dir nicht bewusst bist

Ninty-nine percent of the failures come from people who have the habit of making excuses.

– George Washington Carver

Ich bin ein kleiner Tagträumer und ich liebe es, mich den Träumen hinzugeben, wie mein Leben in zehn Jahren aussehen könnte oder wie ich etwas daran verbessern könnte. Ich glaube, ich träume am Tag sogar mehr als in der Nacht. Und ich habe für mich festgestellt, dass Tagträume mir im Alltag sehr viel weiterhelfen können. In meinen Träume kann ich jede Person sein, die ich will. Und genau das macht so viel Spaß. Ich kann in meinen Tagträumen schon jedes meiner Ziele erreicht haben oder ich habe es sogar noch weiter geschafft. Es gibt ja keine Begrenzung. Ich kann an jedem Ort der Welt sein, mit jeder Person. Sogar auf dem Millennium-Falken mit Spiderman.

Und diese Tagträume können wirklich hilfreich sein. Besonders natürlich, wenn ich darüber nachdenke, wo ich in fünf Jahren stehen könnte, oder wie ich mein Ziel bereits erreicht habe und die Sportschau moderiere.

Das motiviert mich, im Hier und Jetzt alles möglich zu machen und mich so richtig reinzuhängen, damit es meine Zukunft so wird wie in meinen Träumen. Dann kann ich gar nicht anders, als voll durchzustarten. Gerade wenn ich einen Hänger beim Schreiben habe und nicht so richtig weiterweiß, dann lasse ich meine Gedanken schweifen. Warum ich das Schreiben so sehr liebe oder was meine Charaktere alles erleben könnten.

Zudem werde ich auch viel entspannter, wenn ich ein bisschen vor mich hin träume. Ich werde nach wie vor schnell gestresst und brauche einfach immer mal wieder eine Pause. Und wenn ich meine Gedanken schweigen lasse und in fremde Welten eintauche, neue Ideen sammle oder neue Motivation finde, kann ich danach weitermachen, ohne das Gefühl zu haben, zu ersticken.

Warum ich meine Gedanken so oft schweifen lasse

- In meinen Tagträumen kann ich jede Person sein, die ich will
- Es entspannt mich und gibt mir Luft zum atmen
- Ich finde neue Motivation
- Ich weiß, wohin ich gehen will und wie ich dahin kommen könnte
- Mir kommen immer wieder Ideen in den Kopf, an die ich vorher noch gar nicht gedacht hatte
- Es macht Spaß und ist aufregend

<u>Zusammenfassung Gewohnheiten für ein mental gesundes Leben</u>
1. Regelmäßig eine Pause machen
2. Handy weglegen und offline sein
3. Verantwortung übernehmen
4. sich so oft es geht Tagträume erlauben

Wie du mit schlechten Gewohnheiten Schluss machst

It is easier to prevent bad habits than to break them.
– Benjamin Franklin

Wir kennen sie alle. Diese eine kleine Gewohnheit, mit der wir nicht wirklich zufrieden sind. Bei mir ist es beispielsweise so, dass wenn ich anfange, unkontrolliert zu essen, wenn ich abends zu lange aufbleibe. Aus Langeweile und weil ich eigentlich total müde und kaputt bin. Dann will mein Körper seine Energieressourcen wieder auffüllen und ich habe das Gefühl, dass ich einfach nur essen muss. Egal was. Das hält mich aber davon ab, mein Traumgewicht zu erreichen, und gesund ist es auch nicht. Also muss ich mich von der Gewohnheit verabschieden, ewig lange aufzubleiben.

Wenn ich das beenden will, bis ein Uhr wach zu bleiben, schreibe ich mir auf, warum ich diese Gewohnheit abstellen möchte, was meine Gründe dafür sind. Warum stört es mich so sehr, dass ich es gerne ändern möchte?

Ich weiß genau, warum ich das ändern möchte und muss. Zum einen sind vier Stunden Schlaf nicht gesund, und morgens verschlafe ich häufig, sodass ich schon schlecht in den Tag starte. Außerdem esse ich vor lauter Müdigkeit unkontrolliert. Die Frage nach dem Warum treibt mich an, endlich früher ins Bett zu gehen. Ich weiß genau, was für mich dabei herausspringt, wenn ich meine Gewohnheiten ändere. Und das hilft mir dabei, solange an mir zu arbeiten, bis ich es geschafft habe.

Warum mein WARUM wie ein Motor funktioniert

- Ich weiß genau, was ich will
- Ich weiß, was sich verändern wird, wenn ich es geschafft habe
- Es motiviert mich
- Ich erfinde keine Ausreden mehr

Ich habe am Anfang gedacht, dass ich es von heute auf morgen schaffen würde, früh zu Bett zu gehen. Denn schließlich kenne ich ja mein Warum und weiß genau, was ich will. Ich bin mir ja darüber bewusst, was ich falsch mache und was das für Folgen hat.

Trotzdem ist es für mich nicht leicht gewesen. Auch wenn es am Anfang natürlich gut geklappt hatte, wurde ich mit der Zeit doch wieder nachlässig. Es erfordert Geduld und Disziplin, eine Gewohnheit zu ändern. Denn wie das Wort ja schon sagt, bin ich daran gewöhnt, etwas genau auf diese Art zu machen. Und eine Veränderung ist immer schwer.

Denn das würde bedeuten, dass ich meine Komfortzone verlassen und mich anstrengen müsste. Und ehrlich gesagt bin ich darin nicht besonders gut.

Aber wenn ich es wirklich will, wenn mein WARUM groß genug ist und ich mich immer wieder daran erinnere, dann werde ich es schaffen. Mit Geduld und Kontinuität. Nicht einfach aufgeben, sondern auch weitermachen und mich nicht von mir selber herunterziehen lassen, wenn es mal nicht klappt.

An manchen Tagen gehe ich um zehn ins Bett. Dann bin ich stolz auf mich und das fühlt sich gut an. An anderen Tagen bleibe ich dann wieder viel zu lange auf dem Sofa. Dafür hasse ich mich nicht, sondern ich nehme mir für den nächsten Tag vor, es wieder besser zu machen. Das ist ein Kreislauf, der wahrscheinlich mein ganzes Leben so weitergehen wird. Mal ist es einfach. Mal funktioniert es nicht so gut.

Aber mit Gewohnheiten kann man brechen und damit sein Leben verbessern. Ich habe es geschafft und du kannst es auch schaffen. Auch wenn es manchmal ein bisschen länger dauert.

Wie du mit deinen Schlechten Gewohnheiten brechen kannst

- Schreibe dir auf, welche schlechte Gewohnheit du loswerden möchtest
- WARUM möchtest du da
- In gute Gewohnheiten umwandeln
- Langfristig denken
- Einen Habittracker anlegen und kontrollieren, ob du dich an deinen Plan hälst
- Tu es einfach (darum kommst du nicht herum)
- Nicht aufgeben

Motivation is what gets you started. Habit is what keeps you going.

– Jim Ryun

Ich habe jetzt darüber gesprochen, wie du mit gesunden Gewohnheiten und der richtigen Einstellung eigentlich alles erreichen kannst, was du dir vorgenommen hast. Es wird aber nicht immer so funktionieren, wie du dir das vorgestellt hast. Glaub mir, davon kann ich ein Lied singen. Trotzdem ist das Leben gut und wenn du immer dein Bestes gibst, wirst du auch ziemlich viel erreichen können.

Besonders dann, wenn du nie vergisst, Spaß zu haben. Denn darum geht es wirklich. Ein Lächeln auf den Lippen zu haben und zu lachen, bis einem der Bauch wehtut. Ein lautes Lachen mit den Menschen, die dir am wichtigsten sind. Das macht das Leben lebenswert.

Ein gesundes Leben ist so viel wert. Ein Leben, in dem du lachst, Spaß hast und alles erreichst, was du dir vorgenommen hast. Indem du positiv bleibst und nicht alles zu dicht an dich heranlässt. Du hast nur dieses eine Leben und du willst das Beste daraus machen, was du dir vorstellen kannst.

Für mich machen meine Gewohnheiten mein Leben aus und ich will in diesem Leben lachen, meine Ziele erreichen und alles machen, worauf ich Lust habe.

6.

Du bist eine Queen

Im Jahr 2018 sind wir Frauen Gewinner. Wir starten unsere eigenen Karrieren und bauen uns alles auf, was wir uns selber erträumen. Und ich freue mich ganz besonders darüber, dass ich heute so viele tolle weibliche Vorbilder habe. Vorbilder, denen ich nacheifern kann und an die ich mich halten kann, wenn ich mal nicht weiterweiß.

Ein ganz besonderes Vorbild ist für mich Sophia Amoruso. Das erste Mal bin ich mit ihrer Geschichte 2016 in Berührung gekommen, kurz bevor ich meinen mittleren Schulabschluss gemacht habe und dringend eine Inspiration für meine Zukunft brauchte.

Und dann stieß ich auf Netflix auf die Serie Girlboss und habe die Folgen an zwei Tagen durchgeguckt. Und seitdem weiß ich genau, was ich will. Mich mit dem selbstständig machen, was ich am meisten liebe. Genauso wie Sophia Amoruso. Denn ihre Geschichte ist wirklich der Wahnsinn.

Aus praktisch nichts hat sie sich eine Karriere aufgebaut und sich mit ihrer Leidenschaft durchgekämpft und aus einer kleinen Geschäftsidee ihr eigenes Imperium aufgebaut.

Das finde ich sehr beeindruckend. Durch eine einfache Vision ist sie zu einem #GIRLBOSS geworden und hat ihre eigene Kleidungsmarke NastyGal gegründet.

Auch ihr Buch #GIRLBOSS kann ich jedem nur empfehlen. Ich habe daraus viel gelernt und es hat mich auch sehr dazu inspiriert, dieses Buch zu schreiben.

Sophia Amoruso ist nur eines von vielen Beispielen, es gibt so viele starke Frauen in der heutigen Gesellschaft, von denen ich mir eine ganze Menge abgucken kann. Ich lerne von ihnen, wie ich meine Zukunft so gestalten kann, dass ich meine Träume verwirkliche und alle meine Ziele erreiche. Und das, ohne auf die Hilfe von anderen angewiesen zu sein.

Ich will meine Welt verändern und all das möglich machen, was ich mir vorstellen kann. Die Kontrolle über meine eigenen Handlungen übernehmen und mir von niemandem sagen lassen, wohin ich gehen muss und was ich zu tun habe. Ich brauche keinen Mann, der mir vorschreibt, wie ich mich zu verhalten habe und was ich sage.

Ich bin mit vollem Herzen Feministin. Und das heißt nicht, dass ich alle Männer hasse und daran glaube, dass Frauen über Männern stehe. Denn das bedeutet Feminismus nicht. Heute wird dieser Begriff häufig als Schimpfwort benutzt. Das macht mich sehr traurig.

Denn Feminismus steht für Geschlechtergleichheit. Dafür, dass Frauen und Männer die gleichen Rechte haben und eine Frau sich nicht hinter ihrem Mann verstecken müssen. Dass man Frauen nicht anders behandelt als Männer. Gleichberechtigung geht alle etwas an und niemand sollte davor die Augen verschließen. Frauen sind nicht weniger wert als Männer und sollten nicht unterdrückt werden. Das kann so nicht richtig sein.

Jede Frau auf der Welt sollte das Recht haben, sich für sich selber stark zu machen und selber zu entscheiden, was sie gerne machen möchte. Ich glaube fest daran, dass Frauen und Männer irgendwann die gleichen Rechte haben werden, wenn beide Seiten weiterhin dafür kämpfen.

Ich will auf jeden Fall eine Frau sein, die ihr Leben selber in die Hand nimmt und alles erreicht, wofür sie hart gearbeitet hat. Ich will keine Frau sein, die sich von irgendwem sagen lässt, was sie zu tun hat. Wir Frauen haben die Macht, so viel zu ändern. Wir sind alle Queens und wir können alles erreichen, was wir uns vornehmen. Du bist eine Queen und du brauchst dich von niemandem herunterziehen zu lassen.

Wenn ich daran denke, wer ich sein will, dann male ich mir jemanden aus, der seine Träume mich aller Macht verfolgt. Eine Queen tut dies und nutzt für ihre Träume jede freie Minute.

Also versuche ich, immer so produktiv wie nur irgendwie möglich zu sein und so viel zu schaffen, wie nur geht.

Es gibt natürlich auch Zeiten, in denen ich vor dem Fernseher sitze oder meine Zeit an Instagram verschwende. Aber genau das versuche ich so gut es geht zu vermeiden. Ich will jede freie Minute nutzen, um an meinen Zielen zu arbeiten und etwas machen, was mich dichter an meine ganz großen Ziele heranbringt. Das können so viele verschiedene Dinge sein. Manchmal recherchiere ich etwas über Fußball oder ich lese, um neue Ideen zu entwickeln. Und natürlich versuche ich, so viel wie möglich zu schreiben. Egal ob ich für meine Projekte schreibe und dafür plane oder Kurzgeschichten schreibe, um zu üben. Hauptsache, ich mache etwas, um meinem Traum näher zu kommen. Und selbst wenn ich nur wenig Zeit habe oder mir jegliche Motivation fehlt, setze ich mich hin und arbeite. Auch ein kleines Projekt, das schnell zu erledigen ist, kann mich weiter voranbringen. Und irgendwann wird der Berg an Arbeit kleiner werden und mein Ziel wird zum Greifen nah sein. Und mit jedem Tag, den ich verschwende, rückt mein Traum in weitere Ferne.

Denn eine Queen nutzt jede Minute, um für ihren Traum zu arbeiten.

Warum ich jede freie Minute nutze

- Ich habe große Träume und möchte diese gerne erreichen
- Ich schaffe mehr und habe deswegen ein gutes Gefühl
- Das Leben ist kurz und ein Tag vergeht schnell
- Ein schnelles Projekt passt immer und bringt mich dichter an mein Ziel

Für mich bedeutet ein erfolgreiches Leben auch, dass ich mir Zeit für mich selber nehme. Denn um mein Ziel zu erreichen, muss ich mir selber darüber klar werden, was genau dieses Ziel ist und was es mir bedeutet. Und das kann ich am besten alleine.

Ich brauche Zeit, um mein Leben zu reflektieren und neue Ideen zu entwickeln. Und obwohl ich gerne unter Menschen bin, ist es mir wichtig, hin und wieder alleine zu sein.

Ich kann jedem nur empfehlen, sich zurückzuziehen und alles aus einer anderen Sicht zu betrachten.

Ich kann mir Ideen durch den Kopf gehen lassen und sie aus einer anderen Sicht betrachten und mein Leben überdenken. Ich brauche es, alles zu kontrollieren und mir immer wieder Gedanken darüber zu machen, wohin ich will und wie meine Zukunft aussehen könnte.

Und wenn ich ein Problem habe, suche ich nach Lösungen und gehe kritisch mit meinen eigenen Handlungen um. Nur so kann ich besser werden und meine Ziele erreichen.

Zum Beispiel habe ich bei diesem Buch sehr lange für die Einleitung gebraucht. Die Worte wollten einfach nicht fließen. Ziemlich lange saß ich da und hatte keine Ahnung, was ich schreiben sollte. Das hat mich im Gesamtprozess aufgehalten, da ich das Gefühl hatte, diese Einleitung müsste ich zuerst schreiben. Und so konnte ich lange nicht weitermachen.

Dann habe ich mir die Kopfhörer in die Ohren gesteckt und bin alleine spazieren gegangen, um wieder auf andere Gedanken zu kommen. Und genau das habe ich gebraucht. Ich konnte mein Projekt von einer neuen Sichtweise betrachten und bekam neue Ideen, was ich schreiben könnte.

So mache ich das gerne, wenn ich nicht weiterweiß. Einen Gang zurückschalten und mir alles noch einmal genau angucken, um dann erfolgreicher weiterzumachen.

Und in einem hektischen Leben brauche ich diese Zeit für mich selber zudem, um nicht verrückt zu werden.

Was eine kleine Pause für Auswirkungen hat

- Ich starte wieder voll motiviert durch
- Ich betrachte alles von einer anderen Sichtweise
- Ich bekomme neue Ideen
- Ich kann nach Lösungen suchen
- Ich kann mir über meine Fehler bewusst werden und sie verbessern
- Ich kann mir über meine Ziele bewusst werden und was sie mir bedeuten

Girls should never be afraid to be smart.

– Emma Watson

Mir ist es wichtig, dass ich mich daran erinnere, dass ich mein eigenes Leben lebe. Ich habe meine eigenen Vorstellungen und Träume und ich bin es niemandem schuldig, seine Träume zu erfüllen. Nur ich entscheide über mein Leben und niemand sonst.

Das heißt nicht, dass ich meine Eltern nicht wertschätze und sie nicht glücklich machen will, aber ich muss mein Leben selber gestalten. Dabei darf ich mir von niemandem hineinreden lassen. Wenn ich etwas will und bereit bin, dafür leidenschaftlich zu kämpfen, und auch große Herausforderungen zu meistern, dann ist das meine Entscheidung und auch meine Familie kann sie mir nicht ausreden. Nur ich selber kann mich wirklich glücklich machen, indem ich für meine Träume kämpfe und sie nicht links liegen lasse, weil sie mir ausgeredet werden.

Als eine Queen weiß ich, was ich will, und lasse es mir von niemandem schlecht reden. Denn schließlich muss nicht jedem gefallen, was ich mache und was ich machen will. Ich bin bereit, meine Träume zu verfolgen, auch wenn meine Mutter oder mein Vater das nicht so gut finden.

Wieso ich niemandem etwas schuldig bin

- Es ist mein Leben
- Ich entscheide darüber, wie meine Zukunft aussieht
- Ich muss glücklich und zufrieden mit meinem Leben sein
- Meine Familie will auch nur, dass ich glücklich bin

Um alles zu erreichen, was ich mir vorgenommen habe, ist Motivation am wichtigsten. Egal in welcher Form. Ich brauche etwas, das mir hilft, das erfolgreiche Leben zu leben, das ich mir immer vorgestellt habe.

Und dabei kann ich auf so viele Quellen zurückgreifen. Vor allem motiviert es mich, wenn ich mich daran erinnere, warum ich meine Ziele erreichen will. Was sie mir bedeuten und wie es sich anfühlen wird, wenn ich sie erreicht habe.

Mein Ziel ist es ja, Sportmoderatorin zu werden, und wenn mich Zweifel überkommen, denke ich daran, was mir Fußball bedeutet und warum ich mir nichts anderes für mein Leben vorstellen kann. Dann erinnere ich mich an das Gefühl im Stadion und die Gänsehaut, wenn die Heimmannschaft ein Tor schießt. An den Zusammenhalt im Fußball und die Einfachheit des Sports. Fußball wird überall gespielt und von dieser Gemeinschaft wollte ich immer ein Teil sein.:

Für mich ist Fußball mehr als nur ein Sport, es ist meine Leidenschaft und genau das, womit ich mich in meinem Leben beschäftigen will. Und wenn ich an dieses Stadiongefühl denke, dann werden die Zweifel leiser und ich motiviere mich selber wieder, hart für meinen Traum zu arbeiten.

Gerne höre ich auch Musik oder lese Bücher. Ganz besonders in der Musik finde ich immer etwas, das mich motiviert, genau das Leben zu leben, das ich mir vorstelle. Texte, die mich motivieren und die mir ein Gefühl, der Stärke geben.

Vor allem liebe ich es aber, hinaus in die reale Welt zu gehen, um mich zu motivieren. Dann setze ich mich in ein Café und beobachte die Menschen um mich herum. Auf der Suche, nach Motivation und neuen Ideen schaue ich mir gerne reale Menschen um mich herum an. Mit einem Cappuccino, Musik in den Ohren und der Welt um mich herum kann ich immer noch am besten schreiben.

Tipps, wie ich meine Motivation hochhalte

- Mich an mein Ziel erinnern
- In die reale Welt gehen
- Musik hören
- Pausen machen
- Meine Träume im Auge behalten

Victory is in my veins.

–*Katy Perry*

Auch wenn es mir manchmal schwerfällt, versuche ich immer so selbstbewusst wie möglich zu sein. Viele Jahre lang habe ich mich klein machen lassen und mir selber nicht vertraut, so komme ich aber nicht voran.

Und ja, Zweifel sind gut, aber sie sollten niemals zu groß werden. Bei mir waren immer die Zweifel lauter als alles andere. Denn ich will schreiben, aber was, wenn ich es nicht kann? Wenn ich niemals gut genug sein werde? Diese Fragen waren lauter als der Wille, zu schreiben.

Das hat sich mittlerweile geändert. Obwohl ich weiß, dass ich noch sehr jung bin und noch viel zu lernen habe, schreibe ich trotzdem nicht schlecht. Sonst würde es mir vielleicht auch nicht so viel Spaß machen und ich würde nicht als freie Journalistin arbeiten.

Ich versuche jetzt, mich nicht mehr zu verstecken, sondern zu mir zu stehen und mir selber Rückendeckung zu geben.

Mir fällt es heute noch auf, dass ich mich beim Fußball zurücknehme, wenn ich in einer Gruppe von mehreren Menschen bin. Ich würde sagen, dass Fußball für mich ein Thema ist, bei dem ich eigentlich immer mitreden kann. Natürlich weiß ich nicht alles, aber doch eine Menge. Und trotzdem nehme ich mich zurück, sobald wir im Stadion sind und sich mehrere Leute über Fußball unterhalten. Ich weiß nicht, warum das so ist. Damit mache ich es mir nur selber schwer. Und schließlich schreibe ich Spielberichte für ein Magazin, ich verstehe doch so einiges davon.

Das ist etwas, an dem ich persönlich noch arbeiten muss. Wirklich dazu zu stehen, was ich kann, und das auch sagen.

Ich muss mir auch von niemandem sagen lassen, was ich kann und was ich nicht kann. Denn mir wurde schon häufig gesagt, dass ich ein Mädchen bin und deswegen keine Ahnung von Fußball haben kann. Das ist natürlich totaler Schwachsinn.

Es wird immer jemanden geben, der sich zwischen mich und meinen Traum stellen wird und behauptet, dass ich diesen Traum niemals erreichen werde. Ich brauche auf diese Leute nicht zu hören. Denn wenn ich jetzt noch nicht gut genug bin, dann kann ich an mir arbeiten und besser werden. Mit genug

Leidenschaft, Willen und Kampfgeist kann ich jede Hürde nehmen, die sich mir in den Weg stellen wird. Und irgendwann werde ich genau da sein, wo ich hinwill.

Ich habe gelernt und lerne auch immer noch, dass ich ruhig stolz auf das sein kann, was ich mache. Ich kann meinen Mund aufmachen und allen zeigen, dass ich es drauf habe. Auch wenn sie vielleicht anderer Meinung sein mögen. Das ist dann deren Problem und nicht meines.

Think like a Queen. A Queen is not afraid to fail. Failure is another steppingstone to greatness.

– Oprah Winfrey

Warum ich mir nicht mehr sagen lasse, was ich kann und was nicht

- Die Zweifel und Ängste haben mich zu oft gestoppt
- Niemand außer mir kann das wirklich beurteilen
- Ich kann immer dazu lernen und mich verbessern
- Es ist mein Leben und nur ich weiß, wohin das gehen wird

Was ich mir nicht absprechen lasse, ist, dass ich meine Ziele mit Leidenschaft verfolge. Ich bin grundsätzlich ein sehr leidenschaftlicher Mensch und wenn ich etwas gefunden habe, das ich liebe und das ich gerne tue, stürze ich mich da mit Leidenschaft rein. Ist das auch manchmal anstrengend, hat es mir doch immer sehr geholfen.

Denn um den Weg zu gehen, den ich gehen muss, um alles zu erreichen, was ich mir vorgenommen habe, brauche ich genau das. Ich muss lieben, was ich tue und nichts anderes machen wollen.

Wenn ich Spaß daran habe, für meine Ziele zu arbeiten, und ich morgens aufstehe und es gar nicht erwarten kann, dann fällt es mir leichter, mich selber zu motivieren.

Fußball ist einfach meine große Leidenschaft und ich sehe es nicht als Arbeit an, wenn ich zu einem Spiel gehe und danach einen Bericht schreibe. Es macht mir Spaß und ich liebe es. Wenn ich schon am Anfang der Woche weiß, dass ich am Wochenende wieder zu einem Spiel gehen kann, dann will ich einfach nur, dass die Woche vorbeigeht und ich wieder das tun kann, was ich liebe.

Ähnlich verhält es sich mit meinen Buchprojekten. Ein Tag, an dem ich nicht schreibe, ist kein guter Tag. Ich liebe das Tippen auf der Tastatur und wenn aus einer Idee nach und nach etwas Handfestes wird.

Meine Leidenschaft für diese Dinge ist mein Motor und hält mich davon ab, mal einen ganzen Tag zu verschwenden, an dem ich nichts mache. Sie bringt mich dazu, über meine Schmerzgrenze hinauszugehen und auch dann etwas zu tun, wenn mir eigentlich so überhaupt gar nicht danach ist.

Es vergeht mittlerweile kein Tag mehr, an dem ich keine Pressekonferenzen gucke, an dem ich nicht recherchiere und an dem ich nicht schreibe. Denn das ist meine Leidenschaft und es wird nie etwas anderes sein.

Warum du deine Ziele leichter erreichst, wenn du es mit Leidenschaft versuchst
- Deine Leidenschaft ist dein Motor
- Du hast Spaß an dem, was du tust
- Du kannst dir nicht vorstellen, etwas anderes zu tun
- Leidenschaft macht alles so viel leichter

Eine meiner momentanen Lieblingsapps zum Erreichen meiner Ziele ist Trello. Mit Trello kannst du dir Boards erstellen, mit verschiedenen Spalten, was du beispielsweise noch erledigen musst, was du gerade machst, und was du schon erledigt hast. Dazu kannst du sie verschiedenfarbig labeln und dir selber Fristen zum Erledigen setzen. Dadurch habe ich angefangen, übersichtlicher zu arbeiten und immer einen Plan zu haben, was ich noch machen muss.

Ich habe mir beispielsweise Trello-Boards für die Schule erstellt, für die Bücher, die ich schreiben möchte, und für die Bücher, die ich gerade lese. Mir macht es Spaß, mit der App zu arbeiten, und ich kann sie auch dir nur empfehlen, um eine Übersicht über deine Projekte zu behalten.

Auf Trello kann ich mir auch Checklisten zu den Zielen erstellen, die ich erledigen muss, und diese auch abhaken. Dann sehe ich, wie weit ich schon bin und was ich noch alles erledigen muss.

Checklisten gehören auf jeden Fall mit zu meinen Lieblingstricks, um meine Ziele leichter zu erreichen.

Zu jedem meiner Projekte schreibe ich mir jetzt eine Checkliste, die ich abhaken kann und die mich dazu motiviert, weiterzumachen.

Dazu zählen auch meine To-do-Listen, die ich mir täglich schreibe.

Gründe, um sich Checklisten zu schreiben

- Alles ist organisiert beieinander
- Ich kann alles abhacken, was ich erreicht habe
- Trello ist übersichtlich und ich kann meine Checklisten schön machen
- Ich liebe Listen

Kommen wir jetzt zu etwas, das ich schon seit meiner Kindheit liebe. Und das sind Zukunftspläne. Davon habe ich in den letzten Jahren viele geschrieben.

Denn mit zunehmendem Alter habe ich andere Interessen entwickelt. Mit dreizehn wollte ich zum Beispiel noch Hotelfachfrau werden. Aber so ändern sich die Dinge.

Jetzt habe ich mich im letzten Jahr sehr intensiv mit meiner Zukunft auseinandergesetzt und dabei festgestellt, wie wichtig mir die Planung meiner Ziele ist. Ich habe dafür immer einen Zeitplan. Denn das hilft mir einfach, nicht nachzulassen und mich jeden Tag wieder hinzusetzen und etwas zu machen.

Also mache ich es mir am Anfang des Jahres bequem und schreibe mir auf, was ich in diesem Jahr erreichen will. Das sind kleinere Ziele, die langfristig zu meinen größeren führen werden.

Der Jahresplan ändert sich dann jedes Jahr. Zeitgleich habe ich immer einen Zwei-Jahres-Plan, in dem ich weiterreichende Ziele einbauen kann.

Ich habe zurzeit also einen Plan für 2018. Und ich habe jetzt schon Pläne für 2019 und 2020, die aber weniger detailliert sind und etwas weniger in die Tiefe gehen. In meinem Zwei-Jahres-Plan schreibe ich mir nur auf, was ich grundsätzlich erreichen möchte. Dann habe ich schon für die nächsten Jahre eine kleine Übersicht.

Und um noch weiter für meine Zukunft zu planen, habe ich sogar einen groben Fünf–Jahres-Plan.

Dieser Fünf-Jahres-Plan verschafft mir eine grobe Übersicht über meine langfristigen Ziele. Ein ganz klarer Pluspunkt für einen Fünf-Jahres-Plan ist, dass ich weit in die Ferne blicken kann.

Und um den Ganzen auch noch eins draufzusetzen, habe ich sogar noch einen groben Plan, der bis 2030 geht. Weiter möchte und kann ich momentan einfach noch nicht denken.

Aber ich mag es sehr gerne, weiter zu denken und mir zu überlegen, wie mein Leben vielleicht in zwölf Jahren aussehen könnte und was ich tun muss, um bis dahin so viele meiner Ziele wie möglich zu erreichen.

Es ist mir einfach wichtig, dass ich alles im Blick habe, was ich in den nächsten Jahren vorhabe und wo ich hin will.

Warum ich schon einen Plan für 2030 habe

- Ich liebe es zu planen
- Ich mag es zu wissen, was in den nächsten Jahren auf mich zukommen könnte
- Mein Leben braucht einen Plan
- Ich habe große Ziele, die ich bis 2030 erreicht haben möchte
- Ein grober Plan und eine Übersicht helfen mir dabei, immer weiter zu machen

Wenn ich mir Ziele setze, achte ich immer darauf, dass es nicht zu viele auf einmal sind. Ich habe vier große Karriereziele, auf die ich noch lange hinarbeiten muss und für die ich jeden Tag etwas tun kann. Dabei muss ich darauf achten, dass ich mich mit meinem Tagespensum nicht übernehme. Denn früher habe ich mir am Tag ungefähr zehn Ziele gesetzt, die ich überhaupt nicht einhalten konnte. Mittlerweile mache ich es mir da etwas einfacher.

Ich habe jetzt nur noch ein Tagesziel, maximal drei Wochenziele und maximal zehn Monatsziele.

Meistens liege ich aber noch deutlich drunter, weil ich gelernt habe, dass ich mich besser auf weniger konzentriere, als alles nur halbherzig zu machen.

Meine Tagesziele müssen auch nicht immer unbedingt etwas mit meinen großen Zielen zu tun

haben, zumindest nicht auf den ersten Blick. Gern setze ich mir zum Ziel, dass ich gesund esse, dass ich laufen gehe, oder, wenn ich Deadlines für meine Projekte habe, dass ich zum Beispiel 5.000 Wörter schreibe. Das bekomme ich meistens immer eingebaut und übernehme mich nicht. Und langfristig wird jedes meiner kleinen Ziele zu einem der vier großen führen und ich werde genau da sein, wo ich sein will.

Warum du dir niemals zu viele Ziele setzten solltest

- Du kannst nicht alle davon erreichen
- Konzentriere dich lieber auf weniger Ziele, als sie nicht zu deiner Zufriedenheit zu erreichen
- Es ist frustrierend, wenn du kleine Ziele nicht erreichst

Ein erfolgreiches Leben resultiert für mich aus einem organisierten Leben. Damit meine ich nicht, dass du immer genau wissen solltest, in welche Richtung du gehen wirst.

Für mich bedeutet ein organisiertes Leben, dass ich es so ordentlich wie möglich habe. Ich bin eine Chaosqueen, was die Ordnung in meinem Zimmer, aber auch, was in manchen Punkten mein Leben angeht.

Zumindest war das früher so – jetzt habe ich an mir gearbeitet und einiges hat sich geändert.

Habe ich früher gerne Rechnungen zu lange liegen lassen und Abgabetermine nur zu gerne aus den Augen verloren, so habe ich jetzt einen Plan. Ich vergesse kaum noch Sachen und ich habe immer alles im Blick. Im Idealfall bin ich sogar schon ein oder zwei Tage vor meinem eigentlichen Abgabetermin fertig, sodass ich in der Hinsicht ein bisschen ruhiger bleiben kann.

Zum Beispiel müssen alle Spielberichte bis Sonntagnachmittag in der Redaktion eingegangen sein, da die Zeitschrift am Montag erscheint. Häufig schreibe ich über Spiele, die am Samstagvormittag stattfinden, und natürlich hätte ich danach die Zeit, noch bis Sonntag zu warten und mich erst einmal zu entspannen. Das würde mich aber nur unnötig stressen. Ich schreibe die Berichte immer direkt nach dem Spiel, weil ich dann den Spielcharakter am besten einfangen kann und weil ich so nicht in Zeitdruck gerate (und mein Redakteur auch nicht).

Etwas anders verhält sich das mit meinen Buchprojekten (es sind momentan vier Stück). Bei dreien stehe ich noch ganz am Anfang und befinde mich hauptsächlich in der Planungsphase. Das bedeutet, dass ich mir selber Fristen gebe, die ich einhalten will. Trotzdem kann es vorkommen, dass ich eine Frist überschreite, weil ich mit etwas noch nicht ganz zufrieden bin und deswegen etwas mehr Zeit investiere. Wenn ich eine selbst gesetzte Frist überschreite, ist das ärgerlich, aber nicht wirklich schlimm. Wenn aber andere Personen mit in meine Projekte einbezogen sind, habe ich alles zum Fristtermin fertig. Sonst würde auch irgendwann niemand mehr mit mir arbeiten wollen.

Auch habe ich angefangen, mein Zimmer so aufgeräumt wie möglich zu halten und ganz besonders darauf zu achten, dass mein Arbeitsplatz eine gewisse Grundordnung hat. Ich bin ein riesiger Freund von Ordnern und Boxen (ich liebe es besonders, neue zu kaufen) und alles zu sortieren. Für meine Buchprojekte habe ich einen Planungsordner, in dem ich alles verstaue, was Charaktere und den Plot angeht. Außerdem habe ich einen größeren Ordner, in dem ich geschriebene Kapitel und (das ist momentan noch nicht der Fall, wird aber so sein) fertige Manuskripte ablegen kann.

Genauso mache ich es mit Rechnungen und wichtigen Unterlagen. Ich lege alles in einem Ordner ab, sodass ich es sofort finden kann, wenn ich es brauche und auch überprüfen kann, ob ich jede Rechnung bezahlt habe (ich muss hauptsächlich Rechnungen für mein Pferd bezahlen). Ich setze mir auch Reminder in den Kalender, wann eine Rechnung spätestens fällig ist. Damit verhindere ich, dass ich eine Rechnung vergesse.

Denn ich hasse eigentlich nichts mehr, als Menschen im Stich zu lassen und sie zu enttäuschen. Und genau das würde ich tun, wenn ich eine Rechnung vergessen würde. Mein Hufschmied ist auch auf dieses Geld angewiesen und wenn er eine Leistung bringt, dann ist es auch nicht zu viel verlangt, dass ich ihn dafür rechtzeitig bezahle.

Ordnung ist für mich sehr wichtig geworden und ich habe auch gemerkt, dass das Leben damit viel einfacher wird.

Egal ob es nun mein Arbeitsplatz, mein Bücherregal oder mein Kleiderschrank ist. Ich mache es mir selber leichter, wenn alles einen festen Platz hat und ich immer genau weiß, wo ich etwas suchen muss. Und ich gerate nicht in Gefahr, wichtige Dokumente zu verlieren. Besonders bei meinen Buchprojekten brauche ich Ordnung. Ich liebe es, sie zu planen und ihnen eine Richtung zu geben, und ich mache mir dementsprechend Mühe. Da wäre es blöd, wenn ich diese Pläne verlieren würde.

A girl should be two things: classy and fabulous.

– Coco Chanel

Zusammenfassung von »Du bist eine Queen«

1. Jede freie Minute nutzen, um auf dein Ziel hinzuarbeiten
2. kleine Pausen machen
3. dein eigenes Leben leben
4. die eigene Motivation hochhalten
5. auf dich selber vertrauen
6. Habe Leidenschaft für das, was du tust.
7. Checklisten schreiben
8. an die Zukunft denken
9. nicht zu viele Ziele setzen
10. dein Leben organisiert halten

Wie ich mein Leben ordentlich halte

- Alles hat seinen festen Platz
- Regelmäßig aufräumen
- Keine Rechnungen vergessen und dafür Reminder setzten
- Fristen einhalten
- Alles in Ordnern ablegen
- Ein System haben
- (Und natürlich Listen schreiben)

Ich habe in meinem Auslandsjahr angefangen, mich für Frauenrechte zu interessieren. Eines meiner Hauptfächer war Soziologie und da haben wir die Familie behandelt und die Rolle der Frau in ihr.

Gang ehrlich, damals habe ich zu meiner Mutter gesagt, dass ich niemals heiraten werde. Denn das, was wir besprochen haben, hat mich in meiner Weltansicht ganz schön erschüttert. Zum Beispiel, dass in England nur ein Drittel der Frauen die Erlaubnis hat, an gemeinsame Konten zu gehen und dass der Mann das Oberhaupt der Familie ist und die Frau nichts zu sagen hat. Zugegen, das waren nicht nur Fakten, sondern hauptsächlich Meinungen von verschiedenen Soziologen. Mich hat das aber doch sehr berührt.

Und dann habe ich angefangen, mich umzugucken, wie das in meiner Familie ist. Und ich war froh darüber, dass wir das anscheinend anders sehen und ich viele starke weibliche Vorbilder in meiner Familie habe.

Zwar lebe ich teilweise in zwei verschieden Welten, da mein

Vater das Thema ein bisschen anders sieht, aber meine Mutter ist eine absolute Queen. Sie braucht keinen Mann, um zwei Kinder glücklich zu machen und zu versorgen, einen Haushalt zu führen und Geld zu verdienen. Ich weiß jetzt schon genau, dass ich niemals eine Frau sein werde, die zuhause bleibt, weil der Mann das so will (bei meinen Eltern war das damals tatsächlich so).

Ich habe in meiner Familie gelernt, dass Frauen so viel Power haben und sich von niemandem etwas sagen lassen müssen. Wir Frauen haben das Recht, genauso ernst genommen zu werden wie Männer und Entscheidungen zu treffen.

Besonders beim Fußball habe ich schnell festgestellt, dass die meisten Männer mich nicht für voll nehmen. Sie lachen nur darüber, was ich sage oder hören mir gar nicht erst zu. Denn ich bin ja eine Frau und kann keine Ahnung von Fußball haben. Natürlich gibt es auch andere Beispiele und ich habe auch viele positive Erfahrungen gemacht, aber es bleibt Hängen, wenn man für das süße Blondchen gehalten wird, das nur ins Stadion geht, um sich die hübschen Jungs anzugucken. Es nervt mich teilweise wirklich sehr, dass ich dann nicht ernst genommen werde. Das hat wenig mit Gleichberechtigung zu tun.

Aber ich habe gelernt, dass ich mir von Männern nicht sagen lassen muss, was ich kann und was nicht. Ich lasse mich nicht auf ein hübsches Gesicht reduzieren, das nur daneben steht und lächelt. Ich bin in der Lage, meine eigene Meinung zu sagen und für das einzustehen, was ich für richtig halte. Fußball ist jetzt nur ein Beispiel und, wie gesagt, ist das auch nicht immer so. Aber ich denke einfach, dass es noch zu wenig Gleichberechtigung gibt und wir weiter dafür kämpfen sollten.

Männer sind nicht besser als Frauen, und Frauen sind nicht besser als Männer. Die Geschlechter sind unterschiedlich und niemand ist weniger wert.

If you want something said, ask a man. If you want
something done, ask a woman.

– Margaret Thatcher

Du kannst dein eigener Boss sein und alles schaffen, was du willst. Lasse dir von niemandem sagen, was du kannst und was du nicht kannst, nur weil du eine Frau bist. Wir Frauen müssen uns mehr über unsere Stärken bewusst werden und uns nicht mehr verstecken. Wir sind Frauen, und wir sind stolz darauf. Wir sorgen dafür, dass Dinge passieren. Denn wir sind Queens.

A feminist is a person who believes in the power of women
just as much as they believe in the power of anyone else.

– Zendaya

7.

Wie du dein Geld sparen kannst, um deine Träume zu verwirklichen

All Money is a matter of belief.

– Adam Smith

Geld ist ein lästiges Thema. Immer ist es irgendwie zu wenig und das, was ich habe, verschwindet gleich am Anfang des Monats schon wieder, ohne dass ich mir etwas Sinnvolles gekauft habe (also etwas, das ich wirklich brauchen würde).

Ohne Kontrolle gebe ich jeden Cent für Kleinkram aus und am Ende des Monats ist all mein Geld verschwunden, ohne dass ich weiß, wohin, sodass ich eigentlich immer knapp bei Kasse bin.

Wenn es um Geld geht, reagiere ich eigentlich sofort frustriert. Weil ich gerne mehr hätte und immer gucken muss, wie viel ich habe. Und seit ich achtzehn bin und ziemlich viel selbst bezahle, scheine ich irgendwie gar nichts mehr zu haben. Das geht manchmal sehr an meine Nerven und ich wünsche mir, dass es anders ist.

Ist es aber nicht. Ich bin achtzehn Jahre alt und gerade erst dabei, eine Karriere zu starten. Ich kann nicht erwarten, dass ich jetzt sofort Geld habe. Erst muss ich dafür arbeiten und eine Ausbildung machen. Jetzt muss ich mit dem auskommen, was ich habe.

Und damit das funktioniert, ist es wichtig, dass ich gut haushalte und immer eine Übersicht über meine Finanzen behalte.

Vor meinem Auslandsjahr in England habe ich mich mit dem Thema Geld nie wirklich auseinandersetzen müssen. Meine Eltern bezahlten mir ja alles, was ich wollte.

In England fing es dann an, dass ich selber für mein Essen bezahlen musste und auch sonst für alles, was ich gerne haben oder machen wollte. Und schon nach kurzer Zeit habe ich feststellen müssen, dass Essen deutlich teurer ist, als ich immer gedacht hatte, und dass man wirklich auf sein Geld achten muss. Sonst verschwindet das schneller, als man gucken kann.

Zurück in Deutschland und nach meinem achtzehnten Geburtstag wurde es für mich noch schwerer, weil ich von nun an viele Ausgaben selbst übernehmen muss. Ich zahle nicht nur mein Essen selbst, sondern auch das Benzin und die Versicherung für mein Auto und den Unterhalt für mein Pferd. Ganz besonders bei dem Pferd muss ich immer genau darauf achten, was ich ausgebe und wofür ich es ausgebe. Ich habe das Glück und wohne zuhause noch kostenlos, sonst würden auch noch Miete, Strom und Wasser dazukommen.

Dennoch habe ich viele Ausgaben und um da nicht die Übersicht zu verlieren, brauche ich einen Plan. Und wenn ich meine Ziele so verfolgen und erreichen will, wie ich mir das vorstelle, dann muss ich auch immer ein bisschen Geld zur Seite legen. Aber nur, wenn auch etwas übrig bleibt (was eher selten der Fall ist).

Um eine Übersicht über meine Finanzen zu behalten, habe ich mir erst mal einen Budget-Planner für jeden Monat angelegt.

Ich schreibe jede Ausgabe auf und auch, wofür ich mein Geld ausgeben habe. Damit habe ich eine grobe Übersicht über meine Finanzen und wenn am Ende des Monats zu wenig übrig ist, gucke ich mir an, wofür ich zu viel Geld ausgegeben habe. Im nächsten Monate achte ich dann darauf, dass mir das nicht wieder passiert.

Es kam nämlich viel zu häufig vor, dass mein Geld bereits am 20. des Monats komplett weg war und ich nicht die geringste Ahnung hatte, warum. Jetzt weiß ich, wofür ich es ausgegeben habe und worauf ich achten muss.

Im Oktober habe ich zum Beispiel zu viel Geld für mein Pferd ausgegeben, weil Dinge gekauft habe, die ich eigentlich nicht gebraucht hätte, aber gerne haben wollte. Damit wurde es am Ende des Monats dann schon ein bisschen knapp.

Den Budget-Plan schreibe ich in mein Bullet Journal und ich versuche, darüber eine gute Übersicht zu haben, mit allen Ausgaben und mit allem, was im Zweifeln noch reinkommt (bei meinem Job als freie Journalistin kann das immer mal passieren).

Gründe um eine Übersicht über seine Ausgaben zu haben

- Es wird kaum noch Geld verschwendet
- Ich weiß, wohin und wie viel mein Geld fließt
- Ich kann für den nächsten Monat planen
- Ich habe eine gute Übersicht und neige weniger dazu Geld für etwas auszugeben, dass ich nicht brauche

Ich habe meine Finanzen in zwei Kategorien aufgeteilt, um noch eine bessere Übersicht über alles zu haben. Einmal in Needs – also alles, was ich unbedingt brauche, wie Essen, Benzin, Versicherungen, Kosten für mein Pferd – und Wishes – also alles, was ich gerne haben möchte, wie Kleidung, Tickets für Fußballspiele, Bücher und so weiter.

Die Needs haben Priorität und dafür muss immer Geld übrig bleiben, was bedeutet, dass ich nicht zu viel für Hobbys und so weiter ausgeben kann.

Die Planung gibt mir ein sicheres Gefühl und ich muss nicht immer im Hinterkopf haben, dass unbedingt noch Geld zum Beispiel für Benzin übrig bleiben muss. Denn es ist auch schon passiert, dass ich am Ende des Monats tanken musste und es war kein Geld mehr auf meiner Karte. Da hatte ich nicht aufgepasst und so etwas ist sehr unangenehm. Seit ich aber meine Ausgaben in Needs und Wishes eingeteilt habe, ist mir das nicht mehr passiert und ich weiß genau, ob ich immer noch Geld übrig habe für alles, was ich brauche.

Needs sind bei mir jetzt ungefähr fünfzig Prozent meiner Ausgaben, das kann aber auch mal mehr sein, zum Beispiel, wenn mein Pferd zum Hufschmied oder zum Tierarzt muss. Für Wishes versuche ich, nicht über fünfundzwanzig Prozent meiner Einnahmen hinauszugehen (das ist der Idealfall wenn nichts Besonderes passiert), und die restlichen fünfundzwanzig Prozent will ich wirklich sparen.

Wenn ich shoppen gehe, neige ich leider dazu, zu viel Geld auszugeben, besonders dann, wenn ich mit Karte bezahle.

Mein Problem ist, dass ich dann die Übersicht verliere und nicht das Gefühl habe, wirklich Geld auszugeben. Ich sehe nicht visuell, wie viel Geld ich ausgebe und dann wird es schnell viel zu viel. Also habe ich aufgehört, meine Karte mitzunehmen. Stattdessen überlege ich mir im Vorfeld, was ich maximal ausgeben möchte und nehme entsprechend viel Bargeld mit.

Was es mir gebracht hat meine Ausgaben in Needs und Wishes aufzuteilen

- Ich gebe nicht zu viel Geld aus, für Produkte, die ich eigentlich nur haben möchte
- Es bleibt immer Geld z.B. fürs Tanken übrig
- Ich habe eine noch bessere Übersicht (und das liebe ich ja)
- Mein Geld fließt genau dahin, wo es hinsoll

Das hat mir dabei geholfen, mein Budget nicht zu überschreiten, und zum Beispiel nicht fünf Bücher zu kaufen anstatt der zwei, die ich mir eigentlich nur leisten kann. So kann ich mich besser kontrollieren und laufe nicht Gefahr, am Ende des Monats ohne Geld zu sein. Jetzt liste ich auf, was ich alles brauche oder gern haben möchte. Dann schaue ich auf meine Finanzen und prüfe, ob ich mir das in diesem Monat noch leisten kann, oder ob ich noch ein oder zwei Monate warten muss.

Und wenn ich dann einkaufen gehe, schaue ich gezielt nach den Produkten, die auf meiner Liste stehen und kaufe auch nichts anderes. Seitdem habe ich das Gefühl, deutlich mehr Kontrolle über meine Finanzen zu haben und auch sicherer zu sein. Ich gebe jetzt viel weniger Geld aus als früher, sodass ich wirklich anfangen kann zu sparen, um eines Tages mein größtes Ziel zu erreichen und einen eigenen Verlag zu haben. Und dafür werde ich noch einiges sparen müssen.

Wie du beim Shoppen nicht unkontrolliert Geld ausgibst

- Vorher eine Maximal Summe überlegen
- Karte zuhause lassen und Bargeld mitnehmen
- Liste mit den Produkten schreiben, die du gerne haben möchtest
- Keine Spontaneinkäufe
- Vorher überlegen, was du wirklich brauchst oder was du ganz dringend haben möchtest

Mit meiner Mutter habe ich die Vereinbarung getroffen, dass ich für mein Essen selber aufkomme und dafür mietfrei zuhause wohnen kann. Dadurch spare ich natürlich sehr viel Geld. In meinem Auslandsjahr stellte ich ja schon fest, dass Essen wirklich sehr teuer sein kann und in England ist fast mein komplettes Geld dafür draufgegangen.

Um das zu verhindern, mache ich mir jetzt immer einen Plan, was genau ich brauche. Dabei fange ich damit an, mir einen ganz einfachen Essensplan zu und dazu eine Einkaufsliste zu schreiben, mit allem, was ich brauche.

So kaufe ich keine Produkte, die ich dann am Ende der Woche nicht gebraucht habe und die dann einfach schlecht werden (und ich hasse es, Essen wegzuschmeißen).

Ich habe auch aufgehört, mir Getränkeflaschen zu kaufen. Ich trinke so oder so ausschließlich Wasser und Tee (und auch super gerne Kaffee) und dafür muss ich keine Plastikflaschen kaufen.

Damit spare ich immer ein wenig Geld und ich fühle mich auch besser, wenn ich so wenig Plastik wie möglich benutze. Und ich muss nicht immer los und die Pfandflaschen wieder wegbringen.

Leitungswasser tut es meiner Meinung nach auch und ich trinke es genauso gerne wie das Wasser, das ich im Supermarkt bekommen würde.

Um Geld zu sparen, bin ich dazu übergegangen, zuhause zu kochen, anstatt essen zu gehen oder mir Essen zu bestellen. Denn wenn ich mir jeden Abend Essen bestelle (und das würde ich gerne), verschwende ich viel Geld.

Ich kann mir zuhause genauso gut selber Pizza machen, die im Zweifelsfall auch noch weniger Kalorien hat. Somit ist es auch noch ein bisschen gesünder, wenn ich daheim koche.

Ich habe das für mich mal durchgerechnet. Für mein Lieblingsessen vom Asiaten (Ente mit Gemüse in Kokosmilch) bezahle ich beim Lieferdienst zwischen zehn und zwölf Euro. Wenn ich mir das selber koche (ich bekomme eigentlich alle Zutaten dafür im Supermarkt), bezahle ich zwischen fünf und acht Euro. Also spare ich dabei, über die Woche gesehen, doch eine ganze Menge Geld.

Früher habe ich mir gerne einen Kaffee unterwegs geholt. Das ist aber auf Dauer doch ganz schön teuer, besonders weil ich sehr viel Kaffee trinke. Das waren dann mal schnell an die dreißig Euro in der Woche. Das Geld kann ich dann doch für etwas Besseres gebrauchen. Jetzt koche ich meinen Kaffee zuhause, wobei ich nicht die Welt spare, aber doch weniger ausgebe.

Ich gebe für Kaffee ungefähr zehn bis zwölf Euro im Monat aus. Natürlich hat auch meine Kaffeemaschine mal etwas gekostet, aber das waren einmalige Kosten, auf die ich länger gespart hatte.

Mittlerweile bin ich auch dazu übergegangen, meinen Kaffee mit heißem Wasser aufzubrühen, sodass ich meine Kaffeemaschine kaum noch benutze.

Wenn ich dann noch Wasser und Strom dazu rechne, liege ich bei ungefähr fünfundzwanzig Euro im Monat. Da aber meine

Mutter ja Wasser und Strom bezahlt, sind es tatsächlich für mich nur noch vier Euro, die ich in der Woche für Kaffee ausgebe.

Ich spare also sechsundzwanzig Euro. Das klingt vielleicht erstmal nicht viel, aber mit dem Geld kann man doch ziemlich viel machen.

Wie du so wenig wie möglich für Essen ausgeben kannst

- Essensplan und Einkaufsliste schreiben
- Nur das kaufe, was du auch wirklich brauchst
- Keine Wasserflaschen mehr kaufen
- Kaffee zuhause machen
- Zuhause kochen

Zusammenfassung »Wie du dein Geld sparen kannst, um deine Träume zu verwirklichen«
1. Eine Übersicht erstellen
2. Ausgaben in *Needs* und *Wishes* aufteilen
3. beim Shoppen nicht zu viel Geld ausgeben und unkontrollierte Käufe vermeiden
4. mit einer Einkaufsliste einkaufen
5. Selber kochen anstatt essen zu gehen

Mit guter Organisation ist es mir gelungen, dass ich beim Thema Geld nicht mehr sofort einen Nervenzusammenbruch bekomme, sondern immer noch etwas in petto habe und kaum noch in die Gefahr gerate, dass es plötzlich nicht mehr reicht.

Ich finde es sehr wichtig, dass man seine Ausgaben im Auge behält, aber ich habe mich auch lange davon verrückt machen lassen. Ich habe mir wirklich über jeden Cent den Kopf zerbrochen und war so darauf fixiert, meine Ausgaben zu kontrollieren, dass ich damit auch nicht mehr glücklich war. Denn Geld ist zwar wichtig, aber es ist nicht das Wichtigste auf der Welt und es sollte sich nicht immer alles nur darum drehen.

Mir ist wichtig, dass ich mein Geld für etwas ausgebe, das lange vorhält, und für Dinge, die mir Spaß machen – wie zum Beispiel das Reiten, Fußball oder Reisen. Und wenn ich dabei eine Übersicht über meine Ausgaben behalte und nicht ständig Kleinkram kaufe, dann ist Geld nicht mehr mein Problem. Dann habe ich auch immer etwas übrig, um das für größere Ausgaben wie eine eigene Wohnung zu sparen. Und wer weiß, ob ich mir nicht in ein paar Jahren mit dem ersparten Geld meinen Traum von einem eigenen Verlag erfüllen kann. Denn wen interessieren schon irgendwelche Trends, wenn man sich von seinem Geld die großen Träume erfüllen kann?

Money is not the only answer, but it makes a difference.

– Barack Obama

Die große Frage mit der Liebe

He is not the sun – you are

- Christina Yang from Grey's Anatomy

Und hier bin ich jetzt – und schreibe über ein Thema, das ich niemals erwähnen wollte.

Die Liebe – groß und gefühlvoll.

Habe ich Ahnung? Nein, wie auch. Ich bin achtzehn Jahre alt und kenne wirklich große Liebesgeschichten nur aus Filmen. Wenn es am Ende ein Happy End gibt und sie für den Rest ihres Lebens glücklich miteinander sind.

Früher habe ich immer an diese Märchen geglaubt – jetzt nicht mehr. Nicht weil ich verbittert bin und nicht an die Liebe glaube, sondern weil ich gelernt habe, dass es nur Märchen sind. Die Realität sah in meinem Fall immer ganz anders aus.

Denn eigentlich wollte ich nie etwas anderes, als die ganz große Liebesgeschichte, die ich aus Filmen kenne. Große Gefühle, pure Romantik.

Einfach alles auf einmal. Die Träume eines kleinen Mädchens.

So hatte ich es mir immer vorgestellt. Aber so läuft es nun mal nicht – zumindest für mich nicht.

Ich glaube nicht, dass ich das Recht habe, über die Liebe zu sprechen. Dafür weiß ich einfach viel zu wenig (aber wer weiß schon wirklich, wie Liebe funktioniert?). Und ich habe bis jetzt auch nur schlechte Erfahrungen gemacht (dafür bin ich aber auch noch sehr jung und da kann noch vieles kommen), nichtsdestotrotz möchte ich jetzt über die Liebe sprechen. Über die Erfahrungen, die ich gemacht habe und was ich daraus gelernt habe.

Zwei Geschichten möchte ich gerne mit dir teilen. Weil sie mir viel bedeuten und ich so viel daraus lernen konnte. Die erste hat schon vor langer Zeit angefangen und sie hat mich so viel gekostet. Weil meine Erwartungen zu groß waren. Was ihm gegenüber nie fair war.

Ich war dreizehn Jahre alt, als ich ihn, nennen wir ihn Jonas, kennengelernt habe. Ich weiß, das ist verdammt jung und ich muss auch sagen, dass ich mit dreizehn eine ziemliche Katastrophe war (aber wer war das nicht) und viel zu viel wollte. Jonas war zunächst eine Klasse über mir und ich kannte ihn nur über eine Freundin – und fand ihn damals schon toll.

In der achten Klasse hat er dann aber in unsere Klasse gewechselt und saß von Beginn an neben mir. Und mein kleines Mädchenherz fand ihn so toll. Ich wollte so gerne mit ihm befreundet sein. Und am Anfang waren wir das auch. Wir waren Freunde, zumindest habe ich das so gesehen. Wir haben miteinander geredet, gelacht und über Facebook geschrieben. Das war damals wie ein kleiner Traum für mich. So ging das eine ganze Zeit und irgendwann, als ich vierzehn war, habe ich ihn gefragt, ob wir mal was zusammen machen wollen. Und die Antwort darauf war immer wieder Nein. Etwas anderes als ein Nein bekam ich nicht zu hören. Wie du dir sicher vorstellen kannst, war das nicht leicht für mich. Was ich daraus gelernt habe, ist, dass man ein Nein akzeptieren sollte und sich nicht in irgendetwas hineinsteigern sollte, das nur im eigenen Kopf existiert. Denn obwohl ich Jonas mochte, erwiderte er diese Gefühle nicht. Das kann man ihm auch nicht vorwerfen. Manchmal ist das einfach so. Aber ich konnte trotzdem nicht von ihm ab. Und das war, aus heutiger Sicht, ein fataler Fehler. Aus irgendeinem Grund (heute weiß ich wirklich nicht mehr, was ich mir dabei gedacht hatte) steigerte ich mich in diese Geschichte total rein. Ich wollte so unbedingt, dass er mich auch mochte, dass es mir egal war, wer ich sein musste, um ihm zu gefallen.

Hier möchte ich kurz einschieben, dass du dich nicht verändern musst, um jemandem zu gefallen. Entweder er mag dich oder er mag dich nicht. Du kannst niemanden dazu zwingen, dich zu mögen und du wirst dich dabei nur selber verlieren. Das wird ihn erst recht nicht dazu bringen, dich zu mögen.

Ich habe diesen Fehler gemacht. Das fing damit an, dass ich mir meine Haare braun färbte. Ich war von Natur aus blond und eigentlich auch ziemlich stolz darauf. Aber mir wurde gesagt, dass Jonas mehr auf brünette Mädchen steht, also habe ich mit vierzehn Jahren meine Haare braun gefärbt. Und das ist etwas, was ich bis heute bereue. Meine Haare sind nie wieder so blond geworden, wie sie waren. Und es hat mir ja auch überhaupt nichts gebracht. Jonas mochte mich auch nicht mit braunen Haaren.

Die Geschichte mit Jonas ging noch Jahre so weiter. Ich steigerte mich immer weiter hinein und verlor mich immer mehr. Weil ich Sachen gemacht habe, die ich im Nachhinein bereut habe und bei denen ich einfach nicht ich war. Nur weil ich wollte, dass er mich mochte. Damals wusste ich es nicht besser.

Denn heute weiß ich, dass ich es hätte sein lassen müssen, als er sich nicht mir treffen wollte. Da war es vorbei gewesen und wenn ich das akzeptiert hätte, dann hätte ich mir all das Leid erspart. Weil er mich so oft abgewiesen hat (ich konnte es ja nicht lassen) und ich keine Chance hatte.

Dadurch, dass ich Jonas so dringend wollte, oder vielmehr die Vorstellung von ihm in meinem Kopf, habe ich mir nur selber geschadet. Ich wollte unbedingt Zeit mit ihm verbringen, sodass ich mich in der Pause einfach zu seinen Freunden stellte, ohne dass ich da etwas zu suchen hatte. Damit tat ich mir nur immer wieder selbst weh, weil er mich nicht beachtet hatte.

She lost him – but she found herself. And somehow that was everthing.

-Taylor Swift

Mittlerweile habe ich Jonas seit fast zwei Jahren nicht mehr gesehen und er ist mit einer meiner ehemaligen Klassenkameradinnen zusammen. Ich bin jetzt älter und weiß es besser. Man kann niemanden zwingen, einen zu mögen, und manchmal muss man einfach loslassen. Denn wenn es nicht sein soll, dann soll es nicht sein.

Und ich habe mir damit nur selber geschadet, weil ich durch die ständigen Zurückweisungen mein Selbstbewusstsein und mich selber verlor. Aber ich habe viel daraus gelernt, auch wenn es lange gedauert hat, um wirklich zu verstehen, was ich falsch gemacht habe. Warum er mich nicht mögen konnte. Er kannte ja mein wahres Ich nicht, sondern nur die Person, die ich zu sein versuchte.

Jetzt würde ich mich nicht mehr so verbiegen, wie ich es damals gemacht habe. Denn entweder die Person mag mich so, wie ich bin, mit all meinen Fehlern, Ecken und Kanten, oder eben nicht. Ich muss mich nicht mehr verbiegen, um jemandem zu gefallen. Und das musst du auch nicht. Sei keine andere Person, nur weil dein Gegenüber das von dir verlangt. Du bist perfekt so, wie du bist, und jeder, der wirklich ernsthaft an dir interessiert ist, wird das auch akzeptieren.

Warum du dich niemals selber verlieren solltest

- Du bist perfekt, genauso, wie du bist
- Niemand ist es wert, dass du versucht eine andere Person zu sein
- Eine ehrliche und liebe Person würde das niemals von dir verlangen
- Wenn du dich selber nicht magst, wird auch die andere Person das nicht tun

Springen wir nun in meine zweite Geschichte, aus der ich noch mehr gelernt habe und die mich wahrscheinlich noch mehr berührt und verändert hat. Wenn ich jetzt darauf zurückblicke, kommt mir alles selber total verrückt und unwirklich vor. Was zum einen daran liegt, dass ich eine schwere Zeit durchgemacht hatte und ich einfach nicht mehr konnte. Aber auch, weil ich selber nicht mehr wusste, wer ich eigentlich war. Dafür hatte ich zu sehr versucht, eine andere Person zu sein.

Diese Geschichte fing am 18. Oktober 2016 an. Durch einen Zufall, durch eine Leidenschaft und die Tatsache, dass ich eine Pause brauchte.

Eine Pause von dem, was ich zu der Zeit durchmachte. Es ging mir durch einen Schulwechsel nicht besonders gut und da war es perfekt, dass ich im August meine bis heute größte Leidenschaft neben dem Schreiben gefunden habe – Fußball und den HSV. Er wurde zu meinem Herzensverein, in den ich all meine Energie stecken konnte, damit ich mich nicht mit den Problemen in der Schule auseinandersetzen musste. Und das hat mir wirklich gutgetan.

Also entschieden meine Mutter und ich, im Oktober 2016 zu einer Presserunde mit zwei Spielern zu fahren. Wie sehr hatte ich mich darauf gefreut, die Spieler von einer anderen Seite kennenzulernen und auch Privates über sie zu erfahren. Und am Ende gab es auch noch Autogramme.

Und da kam dieser Knackpunkt, der vielleicht mein ganzes Leben verändert hat (wow, das klang jetzt wirklich dramatisch, so dramatisch ist es nun auch wieder nicht). Aber als ich meine Autogrammkarten bekam, gab es diesen einen Moment, an den ich mich bis heute noch zu gut erinnern kann. Diese drei Sekunden Augenkontakt, die ich einfach nicht vergessen kann, selbst nicht nach allem, was passiert ist.

Worlds changes when eyes meet.

– D.J.

Wenn die Welt um einen herum plötzlich stehen bleibt und man nur diese Augen sieht. Meine Mauer schien zu fallen und er schien alle meine Geheimnisse zu kennen. Mein Atem verlangsamte sich und mein Herz pochte lautstark gegen meine Brust. Ich wollte etwas sagen, aber jedes Wort blieb mir in der Kehle stecken. Diese Augen schienen genau zu wissen, vor was ich so panisch davonrannte, und sie schienen mir zu sagen, dass alles wieder gut werden würde.

Und dann, eine Sekunde später, war der Moment vorbei und für ein paar Monate verdrängte ich jeden Gedanken daran. Weil es Wahnsinn war, weil ich es mir nur eingebildet hatte und weil ich Angst hatte. Nie wieder wollte ich so etwas erleben, wie mit Jonas. Keine Hoffnung, keine Träume, keinen Gedanken daran verschwenden. Wäre ich nur dabei geblieben. Wenn ich ihn doch nur weiterhin hätte vergessen können. Dann hätte ich mir so viel erspart. Ich hätte ihm so viel erspart.

Aber die Erinnerung bahnte sich wieder ihren Weg in mein Bewusstsein und ich konnte diese Begegnung einfach nicht vergessen. Vielleicht, weil die Zeit in der Schule mich wahnsinnig gemacht hatte, und ich nur einen rettenden Strohhalm brauchte. Und schon hatte ich ihn gefunden. Und so ungern ich es auch zugebe, machte ich den gleichen Fehler wie bei Jonas. Ich steigerte mich in etwas hinein, das überhaupt nicht existierte. Er kannte mich ja noch nicht einmal.

Und ich steigerte mich solange da hinein, bis ich es nicht mehr aushielt. Im Februar 2017 (damals war ich 16 Jahre alt) nahm ich all meinen Mut zusammen und fragte ihn, ob wir mal einen Kaffee trinken gehen wollten. Ein bisschen stolz bin ich immer noch darauf, dass ich mich getraut habe, das zu fragen, denn das kostete schon einiges an Mut. Trotzdem hätte ich es nicht tun sollen. Weil seine Antwort niemals eindeutig war. Er sagte, es sei gerade schlecht und zeitlich schwierig. Das war nicht das eindeutige Nein, das ich gebraucht hätte. Also steigerte ich mich weiter hinein. Ich dachte wirklich, dass er mich auch mögen würde, und glaubte ihm, dass nur seine knapp bemessene Zeit ein Problem wäre. Wie dumm von mir. Und aus Angst vor der Realität und all den Problemen, die damit einhergingen, verliebte ich mich (so dachte ich damals jedenfalls) in den großen unerreichbaren Star.

Wenn ich doch nur aufgeben hätte. Stattdessen wollte ich unbedingt, dass er mich kannte und dass er mich auch mochte. Und dafür habe ich Sachen gemacht, auf die ich bestimmt nicht stolz bin.

Nichts Schlimmes, aber es ging so weit, dass ich mich selber nicht mehr wiedererkannte. Ich weiß bis heute nicht, was damals mit mir los war. Es war, als hätte ich jeden Bezug zum Realen und zur Normalität verloren. Warum ich damals der Meinung war, dass er mich mögen würde, wenn ich ihm Snaps schicken würde, kann ich mir heute nicht mehr erklären.

Anders als bei Jonas versuchte ich nicht, jemand anderes zu sein, ich wurde einfach zu einer anderen Person, ohne dass ich etwas dagegen machen konnte. Irgendwie unheimlich und vielleicht auch ein wenig verrückt. So bin ich eigentlich überhaupt nicht und ich kann auch verstehen, dass er nichts mehr mit mir zu tun haben will. Würde ich auch nicht wollen.

Jetzt lebt er in einem anderen Teil von Deutschland und ich habe ihn seit einer Ewigkeit nicht mehr gesehen. Und darüber bin ich sehr froh. Denn ich will ihn eigentlich auch nicht mehr sehen. Weil er mich an eine Person erinnert, die ich niemals sein wollte. Und auch wenn ich ihn so oft schmerzhaft vermisse, weiß ich, dass es so dass Beste ist.

Warum es mir so schwerfiel loszulassen

- Ich bekam nie ein endgültiges Nein (er meinte es, hat es aber nie gesagt)
- Ich hatte Angst
- Ich wollte etwas positives und er war genau das
- Manchmal kann ich nicht so leicht loslassen
- Ich dachte, dass dieser Augenkontakt etwas bedeuten musste
- Er war nicht wirklich eine reale Person und vielleicht hatte ich Angst vor der Realität

<u>Zusammenfassung »Die Frage mit der Liebe«</u>
1. Akzeptiere ein Nein.
2. Steigere dich in nichts hinein, das nur in deinem Kopf existiert.
3. Lasse los.
4. Erwarte nicht zu viel von der anderen Person.

Jetzt ist das alles vorbei und ich kann mich auf mich konzentrieren. Ich bin älter geworden und damit auch reifer. In den letzten Monaten habe ich mich verändert und ich bin jetzt kein kleines Mädchen mehr, das dem tollen Jungen hinterherrennt. Ich bin groß geworden und kann jetzt endlich herausfinden, wer genau ich eigentlich bin. Was ich will und was für ein Typ Mensch ich bin.

Denn momentan weiß ich nicht genau, wer ich eigentlich bin. Vielleicht habe ich darum auch dieses Buch geschrieben. Um mir darüber klar zu werden. Aber ich bin erst achtzehn und ich habe noch viel Zeit dazu.

In den letzten Jahren – und damit den wichtigen Jahren meiner Teenagerzeit – wusste ich genau das nicht. Erst hatte ich versucht, jemand anderes zu sein und mich dadurch selber verloren, und dann machten mich äußere Umstände zu einer anderen Person.

Ich kann jetzt herausfinden, wer ich wirklich bin. Es gibt niemanden, der mich ablenkt und solange ich nicht weiß, wer ich wirklich bin, sollte ich mich auch in nichts mehr hineinsteigern.

Denn die Realität sieht meistens doch ganz anders aus. Und ich bin mir sicher, dass ich eines Tages dieser einen Person begegnen werde, mit der ich alles fühle. Die großen Emotionen. Wenn ich weiß, wer ich wirklich bin, dann bin ich auch wieder bereit für die ganz großen Gefühle, von denen mir Filme, Bücher und Songtexte immer erzählen. Für alles, was ein Mensch fühlen kann.

So it's not gonna be easy. It's gonna be really hard. We're gonna have to work at this every day, but I want to do that because I want you. I want all of you. Forever. You and me ... everyday.

– Nicholas Sparks, The Notebook

9.

Liebe dich selber!

Mobbing und ganz besonders das Thema Selbstliebe waren in den letzten Jahren meine ständigen Begleiter. Aus dieser Zeit habe ich viel gelernt und viel Stärke mitgenommen. Das möchte ich dir jetzt mit auf dem Weg geben. Weil wir alle lernen müssen, uns selber zu lieben. Und das kann dauern und es kann ein steiniger Weg sein. Was ich dir mit diesem Kapitel sagen möchte, ist, dass du dich selber lieben kannst und dass du stark genug bist, um alles zu schaffen.

One smile can hide an ocean of tears.

– Michael Jackson

Wenn es um das Thema Mobbing und Selbstliebe geht, werde ich sehr schnell sensibel. Denn es ist mein Thema und es hat mich so viele Jahre lang begleitet und verletzt.

Es ist eine Wunde, die sich niemals schließen wird, aus der ich aber viel gelernt habe. Mittlerweile sollte ich darüber hinweg sein, aber das bin ich nicht. Es schmerzt jeden Tag. Dieser Sturm wird niemals enden. Mein ganzes Leben lang werde ich diese Wunde mit mir tragen und sie wird mich immer daran erinnern, was ich durchgemacht habe.

Aber ich habe viel daraus gelernt.

Auch wenn es lange gedauert hat und es zwischendurch Zeiten gab, in denen ich nicht damit gerechnet hatte, dass ich da so gut herauskommen würde.

Denn um ganz ehrlich zu sein, war meine komplette Schulzeit der absolute Horror für mich. Gefühlt wurde es mit jedem Jahr schlimmer. Immer war ich der Außenseiter, mit dem niemand etwas zu tun haben wollte. Ein Nichts, das immer in der Versenkung verschwunden ist.

Wie oft habe ich mir blöde Sprüche anhören müssen, egal was ich getan habe. Irgendwie war immer alles falsch. Nie konnte ich etwas richtig machen. Und das hat wehgetan. Immer und immer wieder. Tut es noch heute.

»Ich bin alleine«, schoss mir unablässig durch den Kopf. Jahrelang habe ich mich gefragt, was ich falsch mache.

Warum ich so anders bin als die anderen. Warum ich nicht mit ihnen befreundet sein kann. Warum immer ich alleine bin.

Alles habe ich unternommen, um so zu sein wie sie. Ich habe mich selber verraten und mich nur belogen. Ich habe mich und meinen Körper gehasst. Nichts von dem, was ich gemacht oder gesagt habe, hat mir gut gefallen. Alles schien falsch zu sein. Die Zweifel waren meine ständigen Begleiter und verstummten nie.

Worte können einen so sehr verletzen. Das musste ich immer und immer wieder lernen. Auch wenn es nur kleine Sätze waren, oder nur ein einziges Wort. Es hat wehgetan und mich tief getroffen. Denn es verletzt, wenn du an jemandem vorbeigehst und er zischt dir das Wort »hässlich« ins Ohr. Es tut so sehr weh und kann so viel zerstören.

Ich konnte einfach nicht mehr. Aber ich habe mich da durchgekämpft. Jeden Tag aufs Neue.

Ich habe es geschafft. Ich bin raus und kann jetzt vielleicht endlich weitermachen.

Ich bin immer noch fassungslos, wenn ich darüber nachdenke, was andere mit mir machen konnten. Was sie in meinem Inneren angerichtet habe, ohne es überhaupt zu wissen. Denn wie können «fremde» Menschen es schaffen, dass ich mich selber hasse?

Ich habe in den Jahren gelernt, dass es niemanden kümmert, wie es in deinem Inneren aussieht. Alle interessiert nur die Maske, die du von außen aufsetzt. Dieses verdammte falsche Lächeln. Manche mögen so tun als ob, aber ich habe die Erfahrung gemacht, dass es sie doch nicht interessiert.

Im Laufe der Jahre habe ich mir eine Mauer aufgebaut und nichts mehr an mich herangelassen. Mein falsches Lächeln perfektioniert.

Ständig hatte ich Angst davor, zur Schule zu gehen und später auch davor, überhaupt nur rauszugehen. Und das Schlimmste ist, dass ich Angst vor echten Gefühlen habe. Angst, wieder im Stich gelassen zu werden und irgendwem zu vertrauen. Denn am Ende werden sie dich doch nur verraten.

Am Ende werden wir uns nicht an die Worte unseres Feindes erinnern, sondern an das Schweigen unserer Freunde.

– Martin Luther King

Mein Puls raste in die Höhe, ich bekam schwitzige Hände und mein Blick war immer gesenkt. Die Unsicherheit war viel zu groß, als dass ich dagegen hätte ankämpfen können. Im Unterricht habe ich mich nicht mehr gemeldet, aus Angst, was die anderen sagen oder denken könnten. Referate waren das Schlimmste für mich und ich bekam kaum ein Wort heraus. Wie oft hatte ich mich am

Morgen krank gestellt, nur um nicht zur Schule gehen zu müssen. Ich wollte da einfach nicht mehr hin. Ich wollte nicht, dass sie über mich lachten und mich verurteilten. Das konnte ich nicht jeden Tag ertragen. Denn es ist hart, wenn du ständig ins Gesicht gesagt bekommst, wie scheiße sie dich finden. Wenn sie sich von dir abwenden und du doch nichts mehr willst, als dazuzugehören. Ihr Lachen bringt mich bis heute um und wenn ich daran denke, verschlägt es mir den Atem. Meine Brust schnürt sich zu und ich kann nicht klar denken. Tränen treten mir in die Augen und ich will einfach nur weg. Da ist nur die Angst. Vor dem, was als Nächstes passieren wird. Ob ich das aushalten kann. Meine Angst war größer als alles andere. Wenn mich jemand gefragt hat, wie es mir ging, sagte ich nur, dass es okay sei. Ich wollte nicht, dass irgendjemand meine Mauer durchbrach. Weichheit hatte mich ruiniert, also entschied ich, dass ich nie wieder weich sein würde. Niemand sollte sehen, wie es wirklich in mir aussieht. Niemand sollte sehen, dass ich zerrissen und leer war und einfach nicht mehr konnte. Am schlimmsten war der Sportunterricht, wenn Teams gewählt wurden und ich immer als Letzte gewählt wurde und wieder ganz alleine dastand. Oder wenn im Unterricht niemand neben mir sitzen wollte. Es war hart. Die Pausen habe ich oft alleine verbracht oder ich stand bei irgendeiner Gruppe, ohne etwas zu sagen.

> *The common mistake that bullies make is assuming that because someone is nice that he or she is weak. Those traits have nothing to do with each other. In fact, it takes considerable strength and character to be a good person.*
>
> *– Mary Elizabeth Williams*

Auch wenn ich immer schon ein positiver Mensch war und wundersamerweise auch in meiner Schulzeit meinen Optimismus nicht verloren habe, war es dennoch eine schwere Zeit, in der mir oft alles nur schwarz und grau erschien.

Oft habe ich gedacht, dass es niemals aufhören würde. Oft wurde mir gesagt, dass ich hässlich und fett sei. Diese Kommentare haben geschmerzt und ich habe ihnen geglaubt. Denn sie dringen in deinen Kopf ein und lassen dich glauben, dass alles Richtige falsch ist. Lange Zeit konnte ich über mich selber nichts anderes denken. Da war es egal, dass es irgendwann aufhörte und Leute mir sagten, dass ich hübsch sei. Das konnte ich ihnen nie glauben. Die anderen hatten in meinen Kopf eingepflanzt, dass ich ein Nichts sei, also habe ich ihnen geglaubt (das kehrt heute manchmal immer noch zurück). Und alles, was ich gemacht habe, um doch irgendwie dazuzugehören, hat es nur noch schlimmer gemacht.

Mit den Jahren wurde ich immer mehr ausgegrenzt und habe damit meine Schulzeit verschwendet. Wie gerne hätte ich all diese Erfahrungen gesammelt, von denen die anderen immer sprechen. Mit seinen Freunden rumhängen, zusammen shoppen gehen oder gemeinsam auf Partys gehen. Ich werde diese Chance nicht wiederbekommen und dem trauere ich doch immer mal wieder hinterher.

Gerne wäre ich auch so ein Teenager gewesen, der mit seinen Freunden Spaß hat. Stattdessen habe ich mich alleine in meinem Zimmer verkrochen und nichts gemacht. Keine Erfahrungen gesammelt und das Leben an mir vorbeirauschen lassen. Das bereue ich bis heute. Es gibt so vieles, das ich gerne gemacht hätte.

Denn dadurch, dass ich mich zurückgezogen habe, habe ich mir vieles schwerer gemacht, als es eigentlich war. Irgendwann habe ich verlernt, mit Leuten zu reden und mich in Gruppen einzufügen. Ich habe mich selber immer weiter isoliert. Noch heute fällt es mir extrem schwer, auf neue Leute zu treffen und mich in Gruppen einzufügen. Weil ich zu lange Zeit alleine war und weil ich Angst habe. Angst davor, dass es wieder genauso wird, wie es immer war. Dass sie mich ausgrenzen und mir böse Sachen ins Ohr flüstern, die dann in meinem Kopf hängen bleiben.

Ich habe mir von ihnen einreden lassen, dass mich nie jemand mögen würde und ich den Rest meines Lebens alleine sein würde. Aber ich will nicht alleine sein, nicht mehr.

Heute weiß ich, dass die anderen nicht über mein Leben entscheiden dürfen. Sie dürfen mich nicht kleinreden und ich darf sie nicht lassen.

Denn das habe ich. Immer wieder habe ich sie gelassen und mich nicht gewehrt. Ich habe es ihnen so einfach gemacht, mich kleinzuhalten. Ich habe ihnen geglaubt und mich selber als Opfer dargestellt. Nie habe ich mich für mich selber stark gemacht und meinen Mund nicht geöffnet.

Nach meinem Schulwechsel wurde es noch schlimmer. Ich habe den Anfang verpasst und mit niemandem gesprochen. Neun Monate bin ich auf die Schule gegangen und habe nie mit jemandem gesprochen. Weil ich so viel Angst davor hatte, dass es wieder so sein würde. Dass alles, was ich sagte, immer nur falsch war. So hatte sich mein Leben in einen absoluten Albtraum verwandelt.

Meine schulischen Leistungen wurden schlechter und ich gab mich selber auf. Neun Monate lang wurde ich angeschwiegen und war ein totaler Außenseiter. Ich habe meine Stimme verloren und meine Meinung. Letztendlich hatten die anderen einen Niemand aus mir gemacht.

Immer häufiger fehlte ich in der Schule, bis meine Mutter das Spiel irgendwann nicht mehr mitspielte und ich mich nicht länger krank stellen konnte.

Also schwänzte ich – das hatte ich nie zuvor getan. Aber ich konnte nicht mehr in die Schule gehen. Es war einfach zu viel. Zu sehr zog es mich herunter, immer alleine zu sein. Auch wenn niemand mehr über mich lachte und ich mir keine fiesen Sprüche anhören mehr musste, war es jetzt noch schlimmer. Konstant wurde ich ignoriert und ausgegrenzt. Das hat wehgetan. Bis ich an den Punkt kam, an dem es einfach nicht mehr ging und ich mit einer Panikattacke im Krankenhaus landete. Niemals hatte ich damit gerechnet, dass es soweit kommen könnte. Aber ich hatte den Punkt erreicht, an dem ich es nicht mehr aushalten konnte. Jetzt war alles leer.

Danach hörte ich auf, zur Schule zu gehen. Es ging einfach nicht mehr anders.

All die Jahre hatten ihre Spuren hinterlassen, die ich auch jetzt noch deutlich spüren kann. Noch immer fällt es mir schwer, mit fremden Leuten zu sprechen. Ich werde unsicher und bekomme kaum den Mund auf. Da ist immer die kleine Stimme in meinem Ohr, die mir zuflüstert, dass ich nichts kann und sie mich hassen werden. Dass sie lachen werden. Diese Stimme lässt mich einfach nicht los.

Dann habe ich darüber nachgedacht, wer ich sein will. Denn ich kann mich nicht selber hören, wenn die Stimmen der anderen immer lauter sind. Es fiel mir schwer, an mich selber zu glauben und mir zu sagen, dass ich es schaffen würde. Es waren immer zwei Stimmen in meinem Kopf, die gegeneinander gekämpft haben. Und die der anderen hat meistens gewonnen. Dieser Kampf hat mich innerlich zerrissen.

Aber ich musste lernen, wie ich meine eigene Stimme lauter werden lassen konnte. Denn ich wusste, dass ich es schaffen würde. Ich würde die alten Geister verstummen lassen und endlich zu dem Menschen werden, der ich sein wollte.

Ich möchte das Mädchen mit dem Löwenherz werden, das für jeden Kampf bereit ist. Und ich bin auf einem guten Weg.

Heute kann ich an mich selber glauben und ich weiß, dass ich stärker bin. Ich bin kein Opfer. Das werde ich nie mehr sein. Und heute bin ich stolz auf die Frau, die aus mir geworden ist. Ich lasse mich nicht mehr herunterziehen und kann an mich selber glauben. Es war ein langer Kampf, den ich am Ende aber gewonnen habe.

Nicht meine Peiniger haben gewonnen, sondern ich. Und darauf bin ich unfassbar stolz.

Ich habe die erste Schlacht des Kampfes gewonnen und weiß

jetzt, dass ich auch eine Stimme habe, die stark ist. Dass ich Sachen kann und mich nicht verstecken muss. Aber es gibt immer noch Situationen und Momente, in denen die andere Stimme gewinnt und mich wieder verstummen lässt.

> *There comes a point where it all becomes too much. When we get too tired to fight anymore. So we give up. That's when the real work begins. To find hope where there seems to be absolutely none at all.*
>
> *– Christina Yang from Grey's Anatomy*

So schrecklich es auch ist, viele Menschen werden gemobbt. In der Schule oder im Internet. Und das tut mir so leid. Niemand sollte erfahren, wie es ist, gemobbt und ausgegrenzt zu werden. Das tut viel zu sehr weh.

Und das Schlimmste daran ist, dass du dich selber verlierst. Du verlierst deine eigene Meinung und das, was dich zu etwas Besonderem macht. Die anderen werden immer lauter und du lässt dir von ihnen einreden, dass du nichts kannst. Du kannst deine eigene Stimme nicht mehr hören und mit jedem Tag, der vergeht, wirst du dir selber fremder und kannst dich nicht mehr hören. Du wirst immer leiser und leiser werden, bis du komplett verschwindest und dich nicht mehr wiederfindest.

Ich kann jedem nur raten, das nicht mit sich machen zu lassen. Der Schaden am Ende ist viel zu groß. Das hat niemand verdient.

Tu dir selber den Gefallen und höre auf deine eigene Stimme und nicht darauf, was die anderen sagen. Du bist wichtig, also lass dich nicht kleinmachen. Sei der große glühende Stern, der du eigentlich bist und folge deiner eigenen Stimme. Niemand kann dir sagen, wer du bist. Das weißt nur du selber.

Ganz besonders, wenn du sie immer und immer wieder hörst. Jeden Tag aufs Neue die gleichen Worte zu hören, führt zwangsläufig dazu, dass du sie glaubst. Wie oft habe ich gehört, dass ich hässlich bin und nichts wert bin. Dass sie mich nicht haben wollten und ich wieder verschwinden sollte. Irgendwann konnte ich nichts anderes mehr glauben.

Ich habe ihnen Recht gegeben. In allem, was sie gesagt haben.

Noch immer halte ich mich von Leuten fern und vermeide es, neue Leute kennenzulernen, weil ich immer noch daran glaube, dass sie mich nicht haben wollen. Dass ich es nicht wert bin. Und dabei würde ich gerne neue Leute kennenlernen. Wieder unter Menschen gehen und neue Erfahrungen machen.

Und in manchen Fällen können Worte viel mehr verletzen als körperliche Gewalt. Weil sie dich im Inneren langsam zerstören und dir jeden Tag aufs Neue den Glauben rauben und dich schwächer werden lassen.

Es ist hart, diese Worte nicht zu sehr an dich heranzulassen. Aber es geht. Jetzt schaffe ich es, negative und unberechtigte Worte an mir abprallen zu lassen und sie mir nicht zu Herzen zu nehmen. Es ist verdammt hart, aber es geht. Ich lasse jetzt niemanden mehr mit mir spielen und höre nicht mehr auf das, was andere mir so konstant versuchen einzureden.

Mit den Jahren habe ich gelernt, dass Mobber es nicht wert sind. Ich muss nicht darauf hören, was sie mir einzureden versuchen. Sie wollen, dass ich mich schlecht fühle, damit sie sich besser fühlen.

Zu lange wollte ich unbedingt mit ihnen befreundet sein. Mit all diesen Leuten aus meiner Klasse, die mich so schrecklich behandelt haben, wollte ich immer noch befreundet sein und es ihnen recht machen.

Rückblickend war das wirklich blöd.

Denn jetzt weiß ich, dass es nicht darum ging, dass sie mich nicht mochten, sondern dass sie sich selber nicht mochten. Und um sich von ihrem traurigen kleinen Leben abzulenken, haben sie mich dauerhaft schlechtgemacht. Damit sie sich selber besser fühlten. Das ist natürlich nicht bei jedem von ihnen so gewesen, ich glaube, dass es Menschen gibt, die andere wirklich nur verletzen und sie schlechtmachen, weil es ihnen Spaß macht. Und dann gab es auch die, die mich nicht mit Worten verletzten, sondern mit Taten. Natürlich kann man nicht jeden mögen und auch ich habe gewisse Menschen, die ich überhaupt nicht mag. Aber trotzdem würde ich niemals ein Gespräch unterbrechen und davongehen, wenn diese Person in meine Nähe käme.

Dieses Ausgrenzen kann genauso schlimm sein wie böse Worte.

Mich hat es aber immer am meisten getroffen, wenn vermeintliche Freundinnen hinter meinem Rücken schlecht über mich geredet haben und Lügen über mich erzählt haben. Denn so etwas sollte eine wahre Freundin nicht tun.

Ich habe sie mich zu lange benutzen lassen und meine Zeit damit verschwendet, ihnen gefallen zu wollen. Aber sie sind es einfach nicht wert. Ein Mensch, der schlecht über dich redet, wird dich nicht auf einmal ganz toll finden, wenn du die Jacke trägst, die gerade im Trend ist. Denn häufig geht es darum überhaupt nicht. Und du willst dich selber nicht verraten, indem du etwas tust, das dir eigentlich überhaupt nicht gefällt.

Mobbing ist hart für jeden, den es trifft. Das weiß ich nur zu gut. Und ich will es nicht zulassen, dass andere Menschen in meiner Nähe gemobbt werden. Und auch wenn du kein Mobbingopfer bist, solltest du dich für die einsetzen, die gemobbt werden.

Bei mir wurde es in der zehnten Klasse besser, was unter anderem daran lag, dass meine schlimmsten Peiniger nicht mehr in meiner Klasse waren. Außerdem bekamen wir einen neuen Mitschüler, der nun das Opfer war und von den anderen ausgegrenzt und ausgelacht wurde.

Auf der einen Seite mochte ich ihn auch nicht wirklich, aber das war kein Grund, ihn auszulachen. Das hat niemand verdient.

Und ich appelliere an dich: Schau nicht weg, wenn jemand vor deinen Augen gemobbt wird! Dieser Mensch hat Hilfe dringend nötig.

Es ist schwer, ganz alleine zu sein und niemanden auf seiner Seite zu wissen.

Lass niemanden im Regen stehen. Du bist schließlich auch nicht gerne alleine. Das ist einer.

Only in the darkness you can see the stars.

– Marin Luther King

Die Mobbingzeit war schwer für mich und ich glaube, wenn ich nicht etwas gehabt hätte, wobei ich mich wohlgefühlt habe und was mir Spaß gemacht hat, würde es mir heute deutlich schlechter gehen. Ich hatte immer ein Hobby, das mir geholfen hat, all die negativen Stimmen wenigstens für ein paar Stunden verstummen zu lassen. Mit zwölf habe ich mein Pony bekommen und das war das Beste, was mir damals passieren konnte. Auch wenn es nicht immer leicht war, hatte ich einen Freund an meiner Seite, auf den ich mich verlassen konnte. Der mich abgelenkt hat und mit dem ich Zeit verbracht habe. Wie furchtbar ein Schultag auch war, wenn ich abends in den Stall gefahren bin, waren alle meine Probleme für ein paar Stunden komplett verschwunden. Und an den ganz schlechten Tagen war es wohltuend, einfach ausreiten zu gehen und die Seele baumeln zu lassen. Nur ich und mein Pony. Ohne urteilenden Blicke und böse Stimmen.

Nach dem Schulwechsel habe ich dann angefangen, zum Fußball zu gehen (und das wirklich regelmäßig – oft war ich dreimal die Woche beim HSV).

Ich bin mit Fußball aufgewachsen, aber ich hatte an der neuen Schule immer das Gefühl, ganz alleine zu sein. Und dieses Gefühl verschwand, sobald ich in einer Menschenmenge stand und mein Team angefeuert habe. Vielleicht weil beim Fußball niemand ganz alleine ist. Es sind viele Menschen, die

Woche für Woche ins Stadion strömen und sich gegenseitig Halt geben. Genau das habe ich damals gebraucht. Halt und das Gefühl, nicht alleine zu sein. Beim Fußball hatte ich immer Spaß und es ist mein heiliger Ort, wo ich einfach so sein kann, wie ich bin.

Und das Schreiben hat mir geholfen. Alle Gefühle festzuhalten und in anderer Form auszudrücken. Charakteren eine Geschichte zu geben und sie all die Erlebnisse haben zu lassen, die ich so schmerzlich vermisst habe.

Vor meinem Laptop brauchte ich mich nicht zu verstecken und ich konnte schreiben, was ich wollte. Weil es nie jemand lesen würde. Alles, was ich gefühlt habe, konnte ich einfach rausschreiben und loslassen. Dann konnte ich mich aus meiner eigenen Welt herausschreiben und eine völlig neue erschaffen. Und wenn die Wörter fließen, ist es egal, was um mich herum in der Welt passiert.

So hat der Schmerz mich nicht aufgefressen.

Obwohl ich in der Schule wenig Spaß hatte, habe ich mir den nachmittags nie nehmen lassen. Auch wenn ich vieles davon immer alleine gemacht habe, war ich dennoch nie alleine. Beim Schreiben habe ich meine Charaktere, beim Reiten habe ich mein Pony und beim Fußball habe ich diese Riesenmasse an Menschen, die alle das Gleiche tun.

Und schon bin ich nicht mehr ganz so alleine.

Life is tough, my darling, but so are you.

– Stephanie Bennett-Henry

Im Laufe der Jahre habe ich gelernt, nicht alles zu ernst zu nehmen. Natürlich haben das Lachen und die Sprüche meiner Mitschüler mich verletzt, aber ich habe sie auch viel zu ernst genommen. Alles, was Negatives über mich gesagt wurde, habe ich sofort aufgegriffen und eine Riesensache daraus gemacht. Wenn ich darauf verzichtet hätte, wäre es bestimmt leichter gewesen. Wenn ich in ihr Lachen mit eingestimmt wäre und nicht mit den Tränen gekämpft hätte.

Mittlerweile fällt es mir deutlich leichter, auch mal selber über mich zu lachen und nicht aus allem ein Riesendrama zu machen, aber mit zwölf fiel mir das einfach unfassbar schwer.

Jetzt versuche ich, mit Leuten, die mich ärgern, mitzulachen und sie nicht über mich lachen zu lassen. Denn ich habe gelernt, dass ich Mobbern ganz schnell den Spaß an ihren Spielchen nehmen kann, wenn ich nicht mehr mitspiele.

Manche Aussagen sind vielleicht nicht so ernst gemeint, wie ich sie immer aufgegriffen habe. Und wenn ich sie nicht so ernst genommen hätte, dann hätten ihre Worte mich vielleicht auch nicht so sehr getroffen. Lache mit ihnen, dann nimmst du ihnen die Gelegenheit, über dich zu lachen.

Mein größter Fehler war wohl, dass ich immer darauf geguckt habe, was die anderen machen. Was sie anziehen, wie sie sich verhalten, wie sie reden und was sie für Schulnoten haben. Damit meine Klassenkameraden mich mochten, habe ich die gleichen Klamotten wie sie angezogen und so getan, als würde ich dieselben Sachen mögen. Dadurch habe ich den Bezug zu mir selber total verloren und irgendwann vergessen, was ich tatsächlich mag. Wer ich eigentlich bin.

Beispielsweise war ich mit zwölf Borussia Mönchengladbach-Fan, weil einer der Jungs aus meiner Klasse Fan des Clubs war. Ich mag das Team eigentlich gar nicht so gerne, aber ich wollte unbedingt, dass der Junge mich mochte. Völliger Schwachsinn im Nachhinein.

Und meine Klassenkameraden haben genau das auch gnadenlos ausgenutzt. Denn anstatt mich zu mögen, wenn ich auch eines der neusten Trendteile trug, das sie alle hatten, machten sie sich dann noch mehr über mich lustig (was ich jetzt auch ein bisschen verstehen kann). Und das Fatale daran war, dass ich Kleidung gekauft habe, die ich überhaupt nicht mochte.

Dabei hätte ich mich auf mich selber fokussieren sollen. Was ich gerne tue, was ich gerne anziehe. Denn das ist das, was eigentlich zählt. Wer ich bin.

Jeder hat seinen eigenen Geschmack und hat das Recht, danach zu leben. Jeder hat eine eigene Meinung und hat das Recht, diese zu äußern.

Davon habe ich mich immer selber abgehalten. Ich habe mich selber eingemauert und mir selber verboten, das zu mögen, was ich gerne mag.

Ich rate dir, dass du dein Ding durchziehst und dich nicht verbiegst, um anderen zu gefallen. Entweder sie mögen dich so, wie du bist, oder sie haben eben Pech gehabt. Niemand ist es wert, dass du dich selber für ihn verlierst. Du bist, wer du bist und das ist auch gut so.

People will forget what you said, people will forget what you did, but people will never forget how you made them feel.

– Maya Angelou

Mir hat es geholfen, mich daran zu erinnern, dass niemand perfekt ist. Auch diese Menschen, die mich immer klein gehalten haben, sind nicht perfekt. Und ihr größter und offensichtlichster Fehler ist ja, dass sie andere so quälen müssen. Denn was für ein Mensch tut das und hat Gefallen daran, wenn andere seinetwegen leiden?

Es hat aber auch keiner das Recht, sich Fehler des anderen herauszupicken und sie ihm immer wieder vorzuführen.

Denn das haben meine Schulkameraden mit meinen Fehlern gemacht. Teilweise waren es ja nicht mal Sachen, für die ich etwas konnte.

Mit zwölf war meine Haut alles andere als perfekt und ich sah ein bisschen aus wie ein Streuselkuchen. Und was für einen Spaß sich die anderen daraus gemacht haben. Als hätte ich das nicht selber gesehen. Aber immer wieder wurde mir gesagt, wie pickelig ich doch sei. In diesen Momenten hätte ich gerne ihre Schwächen gesehen, über die ich mir heute bewusst bin. Dann hätte ich mich vielleicht nicht ganz so schlecht gefühlt. Was mir besonders bei Referaten und Vorträgen geholfen hat, ist die Erinnerung, dass jeder unsicher ist. Besonders, wenn er vor der ganzen Klasse vorsprechen muss. Denn auch alle anderen wissen über ihre Fehler Bescheid, da kannst du dir sicher sein, und auch sie machen sich Gedanken darüber, was die anderen über sie denken mögen. Ich habe mich immer mit dem Gedanken kirre gemacht, dass ich die Einzige bin, der es so geht. Aber wir sind alle hin und wieder unsicher, auch der selbstbewussteste Mensch. Hinter jeder Fassade steckt auch immer ein bisschen Unsicherheit, egal ob sie groß oder klein ist.

When someone is cruel or acts like a bully, you don't stoop to their level. No, our motto is, when they go low, we go high.

– Michelle Obama

In meiner Schulzeit war ich häufig nicht ich selber.

Ich hatte Angst, zu zeigen, wie ich wirklich bin. Denn was würden meine Schulkameraden dann sagen? Würde es dann noch schlimmer werden? Ich konnte einfach nicht ich selber sein. Dafür hatte ich viel zu große Angst vor den möglichen Konsequenzen. Immer wieder bin ich vor mir selber davongerannt.

Also habe ich mich verstellt, was aber dazu führte, dass die Person, die ich darstellte, noch mehr verachtet wurde, als die Person, die ich eigentlich war.

Es hat lange gedauert und mich viel Überwindung gekostet, bis ich das Gefühl hatte, dass ich wirklich ich selber sein konnte. Allerdings nicht während der Schulzeit, dafür war ich damals auch einfach noch zu jung.

Aber in meinem Auslandsjahr hatte ich endlich die Zeit und die Ruhe, um herauszufinden, wer ich wirklich bin.

Ich wurde wieder frei, so zu sein, wie ich immer schon war.

Denn es gibt immer einen Ausweg. Niemals ist alles nur dunkel und grau. Da ist immer irgendwo ein Lichtstrahl, irgendetwas Positives. Etwas, das ich lernen kann, etwas, das mich stärker macht.

Negativität hat in meinem Leben keinen Platz mehr. Ängste und Zweifel bekämpfe ich und verwandelte sie in etwas Stärkeres. Denn ich kann es schaffen.

Also setze ich mein schönstes Lächeln auf, hebe den Blick und mache es. Die Zweifel sind nur eine Randerscheinung und bestimmen nicht, was ich kann und was nicht. Sie definieren nicht, wer ich bin.

In England musste ich endgültig lernen, mich diesen Ängsten und Zweifeln zu stellen, sie nicht zur Seite zu schieben. Zunächst überlege ich immer, woher sie kommen und was sie bedeuten. Dann kann ich an ihnen arbeiten und sie verstummen lassen.

Ich habe immer den Fehler gemacht und mich selber als Opfer dargestellt. Dabei war ich ein Opfer, weil ich mich selber zu einem gemacht habe, indem ich mich nie gegen Angriffe von außen gewehrt habe.

Auch Du bist kein Opfer, also lass dich nicht zu einem machen. Wenn ich eines gelernt habe in den letzten Jahren, dann ist es, dass ich mich selber so akzeptieren muss, wie ich bin. Andere werden es nicht für mich tun. Um glücklich zu sein und so zu leben, wie ich es möchte, muss ich mich selber lieben und vor allem mir selber vertrauen.

Wenn ich das tue, muss ich mich nicht mehr verstecken und kann meine Angst überwinden.

Es ist ein langer Weg, bis ich vielleicht keine Angst mehr haben werde. Bis ich endlich wieder ich sein kann. Seit über einem Jahr arbeite ich täglich daran, das alles endlich hinter mir zu lassen. Aber immer und immer wieder kehren die Zweifel zurück.

Das Ende scheint irgendwie nie in Sicht zu sein. Aber ich habe gelernt, wie ich es mir selber leichter machen kann und wie ich mich mehr und mehr selber lieben kann. Und das kannst du auch.

Der erste Schritt ist, dass ich mich selber so akzeptieren muss, wie ich bin. Mit allen Fehlern und mit allen guten Eigenschaften, die ich habe. Denn deine Schwächen machen dich zu etwas Besonderem.

Entschuldige dich nicht dafür, wie du bist, erst recht nicht vor dir selber. Du darfst sein, wer du bist und du darfst aussehen, wie du aussiehst. Daran ist nichts falsch, egal was andere dir einreden wollen. Du bist großartig, so wie du bist.

In meinem Leben entscheide ich selbst, was ich möchte, wer ich bin und was ich mag. Das muss niemandem gefallen, solange es mir gefällt.

Das ist allerdings leicht gesagt. Denn es ist jeden Tag anstrengend, weil wir alle doch gern anderen gefallen wollen. Das liegt in der Natur des Menschen.

Our first and last love is self-love.

– Christian Nestell Bovee

Ein Tipp, bei dem mir die Umsetzung nicht leicht fällt, ist die Einführung eines Tages ohne Social Media, damit ich mir nicht die Bilder von den Leuten ansehe, die ein vermeintlich perfektes Leben haben. Dabei sind viele der Bilder in Wahrheit nur gestellt. Auch die Influencer führen kein perfektes Leben, auch sie haben Probleme, aber sie wollen uns vorgaukeln, dass ihr Leben vollkommen ist. Mich haben ihre Fotos immer unter Druck gesetzt. Ich will auch immer perfekt aussehen, wenn ich das Haus verlasse, und ich glaube, dass ich nur Markenklamotten tragen darf.

Darum brauche ich ab und zu eine Pause von Social Media. Aber das ist gar nicht so leicht, denn ich liebe Social Media. Hin und wieder versuche ich es doch, um mir in Erinnerung zu rufen, dass mein Leben der Realität entspricht und ich nicht in einer Glamourwelt lebe, in der alles nur positiv ist. Das ist nicht mein Leben und deines ist es auch nicht. Du musst dich mehr auf dich konzentrieren, wenn du dich selber lieben willst. Nicht auf das Leben irgendeiner Person, die ihr Leben in der Öffentlichkeit zur Schau stellt.

Da ich Listen liebe, ist es für mich eine gute Übung, mir alles aufzuschreiben, was ich an mir selber gut finde. Dadurch fühle ich mich immer direkt besser und ich rufe mir auch in Erinnerung, wie viel ich an mir sehr gern mag. Du solltest dir auch so eine Liste schreiben, mit all den Dingen, die du gerne an dir magst und die dich zu etwas Besonderem machen. Dadurch wird dir wieder klar werden, was für ein toller, wertvoller Mensch du bist. Und wenn du dich mal wieder richtig schlecht fühlst, was jeder von uns gelegentlich tut, dann kannst du dir diese Liste durchlesen und dich an all die Dinge erinnern, die du an dir magst und liebst.

If someone tells you to change yourself, tell them to go fuck themselves.

– Ed Sheeran

In all meinen Schuljahren wollte ich nur so sein wie meine Mitschüler. Ich wollte die Klamotten tragen, was sie trugen, und ich wollte machen, was sie machten. Die Person, die eigentlich in mir steckte, verschwand. Schnell ging ich unter in einer großen grauen Masse, in der sich keiner vom anderen unterschied. Das ist etwas, was ich heute sehr bereue. Ich bin nicht wie all die anderen und ich musste mich verstellen, um so zu werden wie sie. Aber ich hasste das, was aus mir geworden war.

Also habe ich aufgehört, allen anderen nachzueifern. Ich wurde wieder ich selber und konnte endlich anfangen, mich selber zu lieben. Auch du solltest nicht versuchen, jemand anderes zu sein. Ich weiß, dass das schwer ist, aber du willst kein Fisch sein, der mit der Menge schwimmt. Nur wenn du wirklich du selber bist, kannst du strahlen.

Ich hatte mich selber unter Druck gesetzt, weil ich so sein wollte wie alle anderen und weil ich glaubte, dass ich ständig perfekt aussehen müsste.

Aber das ist Unsinn. Es ist okay, dass ich Fehler habe. Es ist okay, dass du Fehler hast. Niemand von uns ist perfekt und du musst nicht perfekt sein. Niemand verlangt das von dir, außer du selber.

Entspann dich, lass locker und hör auf mit dem Streben nach Perfektion. Dieser Druck macht uns krank und da du ihm nicht standhalten kannst, wirst du dich selber hassen. Erst wenn du aufhörst, dir selber so einen Druck zu machen, kannst du anfangen, dich selber zu lieben.

Self-love is the source of all our other loves.

– Pierre Cornelia

Ein Lächeln kann so viel bewirken. Wenn ich mich klein und schwach fühle und die Negativität die Überhand übernimmt, lächele ich mich selber im Spiegel an.

Und sofort fühle ich mich besser.

Denn dieses Lächeln sendet, egal ob echt oder nicht, Glückshormone ans Gehirn und vermittelt dir das Gefühl, dass du glücklich bist. Selbst von einem falschen Lächeln fühle ich mich augenblicklich besser.

Ganz besonders in Situationen, in denen ich mich schlecht fühle und Angst habe, hilft es mir, breit zu grinsen oder zu lächeln, um die Angst wieder abzuschütteln.

Dann entspanne ich mich innerlich und werde selbstbewusster. Und das mit nur einem kleinen Lächeln.

Auch wenn es zuerst blöd klingen mag, aber versuche dich einmal vor den Spiegel zu stellen und dir zu sagen, dass du dich selber liebst. Dass du dich so akzeptierst, wie du bist und dass du dich toll findest. Sage dir das immer und immer wieder. Dass du stolz auf dich bist, dass du alle Seiten an dir magst.

Selbst wenn es dir schwerfällt, dir das selber zu sagen, wirst du dir selber glauben, wenn du es nur oft genug sagst. Das funktioniert genauso wie mit den schlechten Sachen, die andere dir einzutrichtern versuchen. Hörst du es lange und oft genug, glaubst du es irgendwann selber. Du bist toll, du bist wunderschön und du kannst stolz auf dich sein. Sage dir das so oft, wie es nur irgendwie geht und du wirst schnell anfangen diese Sätze ernst zu meinen und nicht mehr einfach nur so zu sagen.

Wenn du im Leben etwas erreichen möchtest, musst du dir im Klaren darüber sein, dass du nur wirklich erfolgreich sein kannst, wenn du dich selber liebst. Wenn du dir eine Karriere aufbauen möchtest und andere dich in deinem Job akzeptieren und respektieren sollen, solltest du dich selber lieben.

Akzeptierst du dich selber so, wie du bist, werden das auch die Menschen um dich herum tun. Und wenn du dir über deine Stärken und Schwächen im Klaren bist, brauchst du dich hinter niemandem zu verstecken und kannst dich immer weiter verbessern.

Jeder kleine Schritt und jeder Kampf, den du gegen deine Zweifel gewinnst, wird dich an dein Ziel bringen. Du wirst dich mit jedem Tag mehr lieben, bis du irgendwann hundertprozentig zu der Person stehst, die du bist. Und dann wird auch der Erfolg kommen.

Eine Methode hat mir sehr geholfen, mich selber zu akzeptieren und mich stark zu fühlen. Ich habe mir selbst Powersätze gegeben, die ich mir immer dann aufsage, wenn ich anfange zu zweifeln. Wenn die Angst zu groß wird, dann sage ich mir, dass ich es schaffen kann. Dass ich hart dafür gearbeitet habe, um da zu sein, wo ich jetzt bin. Dass ich jede Situation überstehen kann, egal wie schlimm sie ist.

Überlege dir Powersätze, die dir dabei helfen, dich besser und stark zu fühlen. Sätze, die du dir selber aufsagen kannst, wenn du dich mal nicht so gut fühlst. Natürlich kannst du dir diese Sätze auch aufschreiben und sie dir immer wieder durchlesen. Gute Powersätze sind beispielsweise: »Ich werde das schaffen! Ich bin eine Queen. Ich bin toll so, wie ich bin!« Sie werden dich stärker machen, und du bist mit ihnen für jede Situation gewappnet.

Die Beziehung mit mir selber ist das Wichtigste. Nur mit mir verbringe ich mein ganzes Leben und nur mit mir selber muss ich wirklich auskommen. Wenn ich mich nicht lieben kann, kann es auch kein anderer und ich bin mein ganzes Leben lang unglücklich.

Du willst dich nicht dein Leben lang hassen, sondern du willst mit dir selber im Reinen sein.

Ich will mich nicht mein Leben lang verstellen müssen und so tun müssen, als wäre ich eine andere Person.

Stärke diese Beziehung zu dir selber, wann immer du kannst, und arbeite an ihr.

Erst wenn du eine erfolgreiche Beziehung zu dir selber hast, können auch deine anderen Beziehungen erfolgreich verlaufen.

Um mich selber lieben zu lernen, hat mir der Fußball sehr geholfen. Nicht dass ich Fußball spielen könnte, aber ich liebe es, ins Stadion zu gehen und die Stimmung auf mich wirken zu lassen. Es macht mich glücklich, wie mich überhaupt alles, was mit Fußball zu tun hat, glücklich macht. Dann fühle ich mich besser und kann mich auch besser selber lieben. Es fällt mir leichter, die Zweifel abzustellen und mich nicht meinen Ängsten hinzugeben.

Suche dir etwas, das dich glücklich macht und mit dem du gemeinsam gegen alles Negative in deinem Leben ankämpfen kannst.

Wenn du dich selber lieben willst, musst du dafür sorgen, dass du dich mit dir selber gut fühlst. Du musst anderen nicht gefallen, du musst nur dir gefallen. Zieh dich so an, wie es dir gefällt, schmink dich so, wie es dir gefällt.

Wenn du dich in deiner eigenen Haut wohlfühlst und mit dir selber glücklich bist, können andere dir gar nichts. Du kannst dich nur selber lieben und mit dir im Reinen sein, musst du dafür sorgen, dass du dich in deiner eignen Haut wohlfühlst.

Vergiss niemals, dass du alles schaffen kannst. Egal was andere dir einreden wollen, du bist stark genug, um alles zu schaffen, was du dir vornimmst. Du bist ein toller Mensch, der so viel zu bieten hat.

Liebst du dich selber, wirst du stärker werden, und nichts von dem, was dir jetzt vielleicht noch unmöglich erscheint, wird unmöglich sein. Glaube an dich selber, liebe dich selber und gib niemals auf.

Mach dich nicht selber klein und mach dich nicht selber fertig. Sage dir liebevolle Sachen und hasse dich nicht für jeden kleinen Fehler. Gehe gut mir dir um und sei nicht fies zu dir selber. Wenn du dir nur negative Sachen sagst, wirst du nicht vorankommen, sondern dich immer nur im Kreis drehen.

Bei mir hat es lange gedauert, bis es so weit war. Stattdessen habe ich meinen Mitschülern auch noch einen Gefallen getan und mich selber fertig gemacht. Ständig habe ich mich klein gehalten und mir gesagt, dass ich es nicht wert bin. Dass ich sowieso nichts kann, so sehr ich es auch versuche.

So bin ich aber nicht vorangekommen. Stattdessen ging es mir immer schlechter. Also habe ich entschieden, dass ich damit aufhören musste. Immer wenn mir diese Sätze in den Sinn kamen, habe ich mir sofort gesagt, dass ich so etwas nicht denken darf. Du darfst so auch nicht denken. Mach dich nicht selber fertig. Dadurch hilfst du nur deinen Peinigern, dich kleinzuhalten. Mach dich stark gegen sie und sei liebevoll zu dir.

Wie oft habe ich den Mund gehalten, wenn ich etwas hätte sagen können? Jahrelang war ich praktisch stumm und habe mich nie zu dem geäußert, was die anderen mit mir gemacht haben. Natürlich haben sie dann weitergemacht. Ich habe mich ja nie gewehrt. Jetzt weiß ich, dass das falsch war. Ich hätte etwas sagen müssen und mich zur Wehr setzen müssen.

Ich habe eine Stimme und diese hätte ich nutzen sollen. Wenn ich wenigstens einmal den Mund aufgemacht hätte, wäre es vielleicht nie so weit gekommen. Auch du hast eine Stimme, nutze sie. Sage das, was du zu sagen hast und hab keine Angst vor den Konsequenzen. Lass dich nicht zum Schweigen bringen. Nutze deine Stimme, wann immer du kannst.

In meiner Schulzeit habe ich meine Mitschüler mein Leben kontrollieren lassen. Sie hatten praktisch die Kontrolle über mich. Darüber, welche Kleidung ich trug, wie ich sprach, wie ich aussah und auch über das, was ich sagte.

Viel zu lange hat es gedauert, bis ich gemerkt habe, dass ich so nicht leben will.

Niemand außer mir soll die Kontrolle über mein Leben haben. Das will ich nicht zulassen und in Zukunft werde ich das auch nicht mehr. Nie wieder. Auch du hast die Kontrolle über dein Leben. Lass sie dir nicht nehmen. Andere haben kein Recht, dich zu kontrollieren, und dir selber wird dein Leben auch nicht gefallen, wenn du die Kontrolle abgibst. Ich habe das Steuer wieder selbst in die Hand genommen. Heute entscheide ich, was ich trage, was ich sage und wie ich aussehe.

Du solltest versuchen, dein bester Freund zu sein. Lache mit dir selber, vertraue dir selber. Es ist wichtig, dass du ehrlich zu dir bist und Probleme nicht verdrängst. Je länger du dein eigener bester Freund bist, desto schneller fängst du an, dich selbst zu lieben.

Zuletzt habe ich wieder einen Tipp für eine Liste für dich. Eine Liste mit all den Dingen, die du in deinem Leben geschafft hast. Sammele alles, was du schon erreicht hast. Egal wie groß oder klein es ist. Beim Schreiben der Liste wirst du dich groß und stark fühlen. Ich schreibe mir gerne monatsweise eine, mit all den Sachen, die ich im letzten Monat geschafft habe.

Und immer, wenn ich darüber nachdenke, was ich alles erreicht habe, fällt mir auf, dass es mehr war, als es mir zuerst erschien.

Auch dir wird es so gehen. Wenn du darüber nachdenkst, wird dir auffallen, dass du viel mehr erreicht hast, als dir im ersten Moment klar war.

Diese Erfolge werden dafür sorgen, dass du dich selber lieben wirst.

Mit jedem Tag ein bisschen mehr.

Once you have accepted your flaws,
no-one can use them against you.

– George R.R. Martin

Es ist ein langer und steiniger Weg, den ich gehen musste, um mich selber zu lieben und so zu akzeptieren, wie ich bin. Und ich bin lange noch nicht am Ziel. Dafür haben meine Mitschüler zu viel Schaden bei mir angerichtet.

Aber kein Schaden ist so groß, dass er nicht behoben werden

könnte. Und daran arbeite ich. Jeden Tag ein bisschen, bis ich es eines Tages geschafft habe. Du kannst diesen Weg auch gehen.

Es wird jeden Tag besser werden, wenn du dich selber nicht aufgibst und dich nicht klein machen lässt. Wenn du jeden Tag dein Bestes gibst und daran arbeitest, dich selbst zu lieben, wirst auch du eines Tages dich selber lieben.

Auch wenn es nicht leicht ist, kannst du es dennoch schaffen. Denn du kannst alles schaffen, was du dir vornimmst. Glaube einfach an dich und liebe dich selber.

Jeden Tag ein Stückchen mehr

Happiness can be found, even in the darkest of times, if one only remembers to turn on the light.

- Albus Dumbledore

10.

Wer sind denn schon die Anderen?

Der Puls geht schneller, die Augen sind auf den Boden gerichtet. Bloß keinen Blickkontakt aufbauen. Ich kann ihre verurteilenden Blicke nicht aushalten, will nicht sehen, was sie über mich denken könnten. Ich beschleunige meine Schritte, die Angst wird größer. Wie gerne wäre ich doch unsichtbar.

Verborgen vor den urteilenden Gesichtern, die mir klar machen, wie sehr sie mich doch hassen. Ich will nur noch weg, so schnell wie möglich. Aber es gibt keinen Ausweg. Ich muss mich den Blicken stellen, den Kopf heben und endlich zu mir stehen.

Die anderen ignorieren und einfach mein Ding machen. Denn wen kümmert es, was andere denken? Wer sind sie, dass sie über mich urteilen dürfen? Warum haben sie diese Macht über mich, dass ich mich selber kleinhalte?

Denk nicht daran, was die anderen vielleicht denken mögen. Löse dich davon, jedem gefallen zu wollen.

Egal wie schwer es ist. Denn das ist es. Es hat lange gedauert, bis ich mit erhobenem Kopf durch eine Menschenmenge gegangen bin und nicht das Gefühl hatte, mich verstecken zu müssen.

Niemand braucht sich zu verstecken. Niemals.

Denn letztendlich ist es total egal, was andere über dich denken, solange du mit dir zufrieden bist. Das ist das Wichtigste. Immer.

Ich erinnere mich noch daran, als wäre es gestern gewesen. Es muss ungefähr in der sechsten Klasse gewesen sein, als ich mich habe einschüchtern lassen und die anderen über mein Leben habe entscheiden lasse.

Zu der Zeit waren pinke Hosen total angesagt. Jeder hatte eine und alle wollten eine haben. So natürlich auch ich.

Mein Verhängnis war es nur, dass eine andere Klassenkameradin auch eine pinke Hose hatte. Von einer ganz anderen Marke, aber es war auch eine Pinke Hose, wie ich sie hatte.

Und ich war so stolz auf diese Hose gewesen, hätte sie am liebsten nur noch getragen. Gleich am ersten Tag habe ich sie auch in die Schule angezogen, damit alle meine unglaublich tolle pinke Hose sahen. Nur leider hatte an diesem Tag auch meine Klassenkameradin ihre pinke Hose an. Ich wurde als Nachmacherin hingestellt und den ganzen Tag ausgelacht und gemieden, weil ich dieser Klassenkameradin ja alles nachmachen würde.

Nie wieder zog ich meine pinke Hose an. Nicht einen einzigen Tag. Und dabei hatte ich sie doch so sehr geliebt.

Aber ich hatte es mir selber vermiest. Weil ich darauf gehört hatte, was die anderen dachten.

Es war mir wichtiger dazuzugehören, als das zu tragen, was ich wirklich tragen wollte. Dabei wäre es vollkommen egal gewesen. Ich hätte darüber stehen können und weiterhin meine neue Lieblingshose tragen können, ohne dass ich mich hätte kleinmachen müssen. Aber das habe ich. Immer und immer wieder. Ich trug nur noch das, was die anderen mich ließen. Jedes Teil, das sie verspotteten, sortierte ich aus, egal wie sehr ich es liebte.

Noch heute verfolgt mich diese Geschichte und ich muss immer wieder daran denken, dass ich meine Klassenkameraden das mit mir habe machen lassen.

Ich hatte entschieden, dass ich so sein wollte wie sie, und dass ich bloß nicht auffallen wollte. Das zog sich über Jahre hinweg, bis ich am Ende in der Masse verschwand, unsichtbar wurde und meine Stumme verlor.

Nichts von dem, was ich kaufte, machte mich wirklich glücklich. Schwarze T-Shirts und Jeans. Um bloß nicht aufzufallen. Ich bekam solche Angst davor, auch nur irgendwie negativ aufzufallen, dass ich mich von mir selber entfernte.

Ich sprach nicht mehr, um niemandem auf die Füße zu treten, und habe mich selber immer mehr verloren. Wie oft hasste ich mich dafür, dass ich den Mund nicht aufmachen konnte. Ich hatte doch so viel zu sagen.

Aber ich wurde stummer und stummer, bis ich ganz verlernte, auf fremde Menschen zuzugehen. Nur noch mit meiner Familie und meiner besten Freundin konnte ich reden, ohne totale Panik zu bekommen.

Jahrelang habe ich das mit mir machen lassen. Bis ich eines Tages ganz alleine war und nicht mehr wusste, wie man mit anderen Menschen spricht.

Das war der Moment, in dem ich entschied, dass es jetzt genug war.

Ich hatte mich genug versteckt und es war an der Zeit, dass ich meine Stimme wiederfand.

Aber es ist schwer. Die Zweifel und Ängste in meinem Kopf waren und sind so laut, dass es schwer ist, sie abzustellen. Und es fällt mir schwer, meine Stimmer zu finden und sie wieder zu benutzen. Meine Kehle schnürt sich zu und ich bekomme kein Wort heraus.

Die Angst ist und war immer noch ein ständiger Begleiter, aber jetzt war ich bereit, sie zu bekämpfen.

Egal wie schwer es werden würde, denn ich wusste, dass es mit der Zeit besser werden würde. Wenn ich es nur versuchte. Und das immer und immer wieder. Auch wenn es peinlich war, oder ich mich danach ärgerte, weil ich es nicht geschafft hatte.

Mit jedem Tag wird es besser und ich bin stolz auf mich.

Stolz darauf, dass ich lerne, die Angst abzulegen, und dass ich keine leblose Hülle mehr bin. Ich habe kaum noch Angst und kann jetzt freier mit anderen Menschen sprechen.

Mal mehr, mal weniger erfolgreich. Aber das ist nicht wichtig. Wichtig ist, dass ich es versuche.

Ich weiß, wer ich bin und was ich kann. Und dafür muss ich mich nicht entschuldigen. Niemals. Und das musst du auch nicht.

No one is you and that is your power.

– Vybe Source

Als Erstes will ich dir mit auf den Weg geben, dass du stolz darauf sein kannst, wer du bist. Verstecke dich nicht hinter den anderen, die meinen, über dich und dein Leben urteilen zu müssen. Es ist wirklich nicht wichtig, was sie über dich denken, solange du mit dir zufrieden bist. Das ist die Hauptsache.

Du musst dich selber mögen und dazu stehen, was du tust. Wenn dir ein Oberteil gefällt, das ausgefallener geschnitten ist oder eine besonders leuchtende Farbe hat, und du dir Gedanken darüber machst, was deine Mitschüler darüber denken, dann lass es.

Natürlich ist das schwer, schließlich willst du ja, dass die anderen dich mögen, aber versuche, dich von diesem Gedanken zu lösen. Es ist nicht wichtig, ob die das Oberteil gut finden, sondern du musst es gut finden.

Ich habe nie dazugehört, und das, obwohl ich alles getan habe, um mich anzupassen. Dabei habe ich aber meine Individualität verloren und damit das, was mich besonders macht.

Du bist, wer du bist, also steh auch dazu. Ich wollte immer, dass jeder mich mochte, was aber dazu geführt hat, dass niemand mich mochte.

Heute habe ich eingesehen, dass nicht jeder mich mögen muss. Menschen sind unterschiedlich und sie haben unterschiedliche Geschmäcker, und du magst bestimmt auch nicht jeden.

Warum sollte dich auch jeder mögen, wenn du dich selber nicht magst und dich endlos verbiegst? Aber wenn du dich selber magst, dann gibt es auch andere

Menschen, die dich mögen. Aber du musst bei dir anfangen. Ich habe immer negativ über mich gedacht. Ich kann nichts, ich sehe nicht gut aus, ich bin es nicht wert.

Diese Sätze haben sich in mein Gehirn eingebrannt und ich habe sie verinnerlicht, bis ich nichts anderes mehr denken konnte. Da waren nur noch negative Gedanken. Bis ich entschieden habe, dass es reicht. Ich wollte mich nicht mehr selber hassen und musste etwas ändern.

Mein erster Schritt war, dass ich meine negativen Gedanken in positive umgewandelt habe. Mir sind immer mehr Sachen eingefallen, die ich an mir selber mag und die ich schon erreicht habe.

Und das hast du sicherlich auch. Jeder Mensch hat etwas, das er an sich selber mag, das er schon erreicht hat.

Etwas, das dich besonders macht.

Schalte deine negativen Gedanken ab, sie werden dich nur unglücklich machen. Betrachte jeden Tag positiv und denke positiv. Dann werden dir auch gute Sachen passieren. Sage dir immer wieder selber in Gedanken: »Ich kann das, ich sehe auf meine eigene Weise wunderschön aus und ich bin es sowas von wert.«

Es dauert, bis sich diese Sätze verinnerlich haben, aber sie werden es tun, und du wirst merken, dass es dir mehr und mehr egal ist, was andere möglicherweise über dich denken könnten.

Jahrelang habe ich den Fehler gemacht, dass ich es zu meiner Angelegenheit, zu meinem Problem gemacht habe, was die anderen möglicherweise Schlechtes über mich denken mögen.

Warum muss ich mich selber so klein halten, nur damit ein Fremder glücklich ist? Es hat zu lange gedauert, bis ich gemerkt habe, dass das Schwachsinn ist.

Es ist nicht meine Aufgabe, fremde Menschen glücklich zu

machen, das ist deren eigene Aufgabe. Darum muss ich mich nicht kümmern.

Meine Aufgabe ist es, mich selber glücklich zu machen, und das kann ich nicht, wenn ich nur daran denke, dass die anderen bloß nicht durch mich gestört werden sollen.

You Don't need everyone to love you. Just a few good people.

– Charity Barnum

Eine Einsicht, die mir wirklich sehr weitergeholfen hat, ist die, dass ich am Ende immer nur mit dir selber auskommen muss. Dein ganzes Leben lang werden Menschen kommen und wieder verschwinden. Nur mit dir selber verbringst du jeden Augenblick deines Lebens. Ist es da nicht wichtig, dass du dich magst? Dass du gerne Zeit mir dir verbringst? Also höre auf, dir darüber Sorgen zu machen, was andere denken, und mache dir stattdessen Gedanken darüber, was du selber über dich denkst. Das ist das Einzige, was zählt.

Denn du hast nur ein Leben. Nutze die eine Chance, die du hast. Eine zweite gibt es nicht.

Du kannst dir nicht dein ganzes Leben Sorgen darüber machen, was andere über dich denken und was sie möglicherweise davon halten, was du mit deinem Leben machst. Hältst du dich ständig selbst klein, wirst du nicht glücklich werden. Du hast Träume und Ziele und dafür brauchst du dich nicht zu schämen.

Mache das, was du gerne möchtest, nicht das, was irgendwer von dir erwartet, oder das, was jeder macht. Du hast nur dieses eine Leben, es gibt keine zweite Chance, also mach etwas daraus und sei mutig.

It is important to remember that we all have magic inside us.

– J. K. Rowling

Eine Frage, die ich mir immer wieder stelle, ist die, ob mein jüngeres Ich stolz auf mich wäre. Die Siebenjährige mit den großen Augen, die so viel vorhatte und sich so viel erträumte.

Ich denke viel an dieses kleine Mädchen und an ihre Träume und Hoffnungen. Mir ist wichtig, was sie heute von mir denken würde, denn ich will sie stolz machen.

Sie braucht eine höhere Priorität als irgendwelche Fremden. In den letzten Jahren wäre mein siebenjähriges Ich nicht stolz auf mich gewesen.

Ich war immer schon ein Mensch, der viel geredet hat und sich schnell für Sachen begeistern konnte. Da mir aber wichtiger war, was meine Mitschüler von mir dachten, habe ich das verloren. Ich wurde still und traurig und habe immer wieder vergessen, was ich eigentlich wollte. Die anderen haben die Kontrolle über mein Leben übernommen und mit jedem Tag habe ich mein siebenjähriges Ich immer mehr verloren, bis ich es irgendwann vergessen habe. Das werde ich jetzt nicht mehr zulassen. Es ist wichtig, was die Kleine von mir denken würde und ob sie stolz auf mich wäre.

Statt dich mit anderen zu vergleichen, solltest du dich also mit dir selber vergleichen. Wie warst du vor zwei Jahren? Was hast du seitdem besser gemacht und wie hast du dich verändert? Was machst du heute besser als gestern? Hör auf, auf andere zu sehen, und konzentriere dich auf dich selber. Versuche immer, die möglichst beste Version von dir selber zu sein.

Jeden Morgen habe ich mich verrückt gemacht. Immer wenn ich unter Menschen ging, sind die Gedanken mehr geworden. Wie sehe ich aus? Sieht mich irgendwer an? Was mag er wohl denken?

Ich habe mich selber total verrückt gemacht und hatte keine ruhige Minute mehr. Ständig ging es mir darum, wie ich anderen gefallen könnte, wie sie nur positiv über mich denken würden.

Es war ein Albtraum, an dem ich Mitschuld hatte. Denn ich war diejenige, die sich selber so verrückt gemacht hat. Wenn ich das einfach gelassen hätte und mir weniger Gedanken darüber gemacht hätte, dann hätte meine Angst sich vielleicht niemals so stark entwickelt.

Ich habe es so weit kommen lassen. Noch heute übernehmen manchmal die Angst und die Unsicherheit die Kontrolle. Besonders in neuen Situationen fällt es mir häufig schwer, nicht auf diese Gedanken zu hören.

Aber im Gegensatz zu früher, lasse ich mich nicht mehr verrückt machen. Das habe ich nicht nötig. Also atme ich einmal tief durch und sage mir selber, dass alles gut werden wird und die Meinung der anderen nicht so wichtig ist.

Jetzt kann ich meine Gedanken kontrollieren und wieder die Kontrolle über meine Handlungen übernehmen.

Es hat lange gedauert, bis ich verstanden habe, dass andere sich nicht wirklich Gedanken darüber machen, was ich tue. Sie haben meistens Wichtigeres tun, als über mich zu urteilen. Auch sie haben Zweifel und Probleme in ihrem Leben, sodass sie gar keine Zeit haben, über dich zu urteilen.

Jeder konzentriert sich auf sich selber und das solltest du auch tun. Wie ich schon gesagt habe, es ist dein Leben und es ist auch deine Aufgabe, dass du dein Leben liebst und es genießt.

Auch habe ich gelernt, dass jeder sich die gleichen Sorgen macht. Fast jeder Mensch will den anderen gefallen, das liegt in unserer Natur.

Das bedeutet, dass auch andere sich Sorgen machen, wie sie aussehen und dass sie gemocht werden. Wir sitzen alle im selben Boot und es hat zu lange gedauert, bis ich das gemerkt habe.

Natürlich wird es immer Menschen geben, die sich für etwas

Besseres halten und sich erlauben, dich herunterzumachen, aber diese Menschen sind es nicht wert, dass du viel Zeit an sie verschwendest. Das sind schlechte Menschen und schlechte Menschen verbreiten schlechte Gedanken, wie ich schon gesagt habe. Sie werden immer etwas zu meckern haben und immer wollen, dass du dich unsicher in deiner Haut fühlst.

Egal wie sehr du versuchst, ihnen zu gefallen. Vergiss sie also und konzentriere dich darauf, wie du gerne sein möchtest und dass du immer die beste Version von dir selber bist.

Denn das ist viel wichtiger, als dass irgendein beliebtes und hübsches Mädchen aus deiner Schule dich mag.

Keiner hat sich für mich interessiert und ich hatte eigentlich keine Freunde mehr. Damals hat mich das nur noch unsicherer gemacht und ich habe noch mehr versucht, so zu sein wie sie.

Heute weiß ich, dass es dich langweilig und schwach macht, wenn du ständig versuchst, andere zu kopieren. Du bist uninteressant und verlierst alles, was dich besonders macht. Du solltest besser stolz darauf sein, wer du bist. Denn das macht dich besonders und interessant. Jeder Mensch hat etwas, das ihn besonders macht und von den anderen unterscheidet.

Und stell dir einmal eine Welt vor, in der alle gleich sind. Sie wäre furchtbar langweilig.

Sei stolz auf deine Ecken und Kanten, auf deine Fehler und auf das, was dich zu etwas besonderem macht. Es macht keinen Spaß, immer nur mit dem Strom zu schwimmen und so zu sein, wie alle anderen.

Du bist toll, so wie du bist, und du musst anderen Menschen eine Chance geben, dich so zu sehen, wie du bist und nicht eine weitere Kopie von Tausenden sein. Deine Individualität macht dich zu etwas Besonderem, also sei stolz darauf und schmeiß sie nicht weg, nur um dazuzugehören.

No one ever made a difference by being like everyone else.

– P. T. Barnum

Stumm ging ich mit der Masse mit und habe all die Wut, die ich auf mich selber hatte, einfach ignoriert. Mit jedem Tag habe ich mehr gehasst und dafür all meine Energie verschwendet.

Ich ging nicht mehr gerne nach draußen und schon gar nicht in die Schule. Ständig war ich müde und mit jedem Tag habe ich mein Leben mehr gehasst. So hatte ich mir das nicht vorgestellt.

Ich bin kein introvertierter Mensch. Ich bin laut, sage meine Meinung und lebe mit Leidenschaft. Aber das passte nicht zu dem, was ich aus mir selber gemacht hatte.

Eine leblose Hülle, die alles einfach so hinnahm. Erst die Einsicht, dass ich so nicht weiterleben wollte, half mir aus diesem ewigen Strudel aus Zweifeln, Angst und Unsicherheit. Das Leben, das ich führte, gefiel mir nicht.

Der Anfang war so schwer und auch heute ist es nicht immer leicht, aber ich weiß, wohin ich will und das werde ich mir nicht nehmen lassen. Von niemandem.

Dafür habe ich in den letzten Jahren zu viel aufgegeben und zu viele Chancen links liegen lassen, weil ich zu große Angst hatte. Ich will nicht, dass mir das wieder passiert und deswegen kämpfe ich jeden Tag für meinen Traum.

Die Kontrolle liegt wieder bei mir und ich entscheide, was ich mache, nicht die anderen. Das werde ich nicht mehr zulassen und das wirst du auch nicht.

Die anderen müssen dir egal sein. Es muss dir egal sein, was sie vielleicht denken könnten und was sie von deinen Träumen halten. Es sind deine Träume, es ist dein Leben und nur du hast die Kontrolle darüber.

Das Schreiben hat mir geholfen, mich von anderen zu lösen.

Das war etwas, was mir Spaß machte und was ich gut konnte. Meine negativen Gefühle konnte ich in den Texten verarbeiten und meinen Charakteren die Stimmen und die Geschichten geben, die ich gern selbst gehabt hätte.

Das Schreiben machte mich selbstbewusster und irgendwann wurde mir bewusst, dass ich es so sehr liebte, dass ich es zum Beruf machen wollte.

Aber ich habe meine Texte niemandem gezeigt, aus Angst, dass die Leser sie nicht verstehen könnten und sie ihnen nicht gefallen würden.

Auch heute fällt es mir noch schwer, meine Texte anderen Leuten zu zeigen. Ich hasse es, die urteilenden oder fragenden Gesichter zu sehen, aber ich habe auch gelernt, dass mein Schreiben viel besser wird, wenn ich die Hilfe von anderen annehme und zulasse, dass jemand Fremdes meine Texte liest.

Denn schließlich würde ich niemals das Schreiben zu meiner Hauptbeschäftigung und zu meinem Beruf machen können, wenn ich nicht wollte, dass andere meine Texte lesen. Das würde nicht funktionieren. Also musste ich auch hier lernen, dass nicht jedem gefällt, was ich schreibe.

Denn Geschmäcker sind, wie schon gesagt, verschieden. Heute kann ich damit leben und ich liebe das Schreiben zu sehr, um mir das selber kaputt zu machen. Ich will schreiben und ich will es zu meinem Beruf machen, also tue ich das auch. Auch wenn ich mich dann wieder der Kritik anderer stellen muss.

Aber heute kann ich damit leben, wenn nicht jeder das mag, was ich tue. Sollen sie doch denken, was sie wollen, wenn ich das liebe, was ich tue, ist es egal.

Und wenn ich doch einmal in Gefahr gerate, mich selber zu verraten, dann denke ich daran, was ich durchgemacht habe, was aus mir geworden war und wie sehr ich das gehasst habe. Ich will nicht mehr, dass andere über mein Leben entscheiden und ich mein eigenes Leben nicht mehr mag.

Was würde wohl passieren, wenn ich doch wieder die anderen entscheiden lassen würde? Ich würde niemals glücklich werden und mich und mein siebenjähriges Ich verraten. Wahrscheinlich würde ich meine zwei größten Leidenschaften, das Schreiben und den Fußball, aufgeben, aus Angst, was andere darüber denken würden. Ich würde irgendeinen langweiligen Bürojob lernen, in dem mir jegliche Kreativität genommen würde und den ich nur noch hassen würde. Nein, das will ich nicht. Absolut nicht.

Ich kann mir nicht vorstellen, dass du dein Leben irgendwann nur noch hassen möchtest. Wenn du deine Träume niemals erreichen würdest, weil du Angst davor hast, was andere denken? Tu dir den Gefallen und lass es niemals dazu kommen. Das werde ich auch nicht.

In den letzten Jahren habe ich viel zu wenig mir selber vertraut. Alles, was ich wollte oder tat, habe ich infrage gestellt und selber kritisiert. Dabei wäre es wahrscheinlich gut gewesen, wenn ich darauf vertraut hätte, dass ich schon das Richtige tun würde.

Denn schließlich weiß ich selbst am besten, was das Beste für mich ist. Ich hätte mehr auf mein Bauchgefühl hören sollen. Dann wäre ich jetzt wahrscheinlich an einem anderen Punkt und hätte mir viele Schmerz erspart.

Du kannst das auch, du kannst dich auf dich verlassen. Du selbst weißt am besten, was du willst und was du brauchst, also verlasse dich auf dein Bauchgefühl.

Mein letzter Tipp für dich in diesem Kapitel lautet: Sei dein eigener Held! Nur du kannst dich aus Situationen retten, die dir Angst machen. Es wird niemand kommen, um dich aus deiner misslichen Lage zu befreien. Dafür bist du verantwortlich und ich weiß, dass du es kannst. Du kannst etwas ändern und du wirst es.

Lass dich nicht beirren und konzentriere dich auf dich selber. Auf dein Leben, auf deine Träume und auf deine Hoffnungen. Kämpfe für diese und für dich selber.

Du hast dieses eine Leben und du willst es doch lieben und

genießen. Dafür musst du dich erst einmal selber retten und dein eigener Held sein. Und dann wird irgendwann dein ganz persönliches Happy End auf dich warten.

Liebe dein Leben und liebe dich selber. Wenn du das tust, dann ist es nicht mehr wichtig, was die anderen denken. Es ist nur wichtig, was du über dich selber denkst. Also sei dein eigener Held und mache etwas aus deinem Leben.

11.

Die Bedeutung deiner Wurzeln

Familie ist das Wichtigste im Leben und sollte auch für dich einen hohen Stellenwert haben. Familie – das sind die Menschen, die dich am besten kennen und wissen, wer du wirklich bist. Sie unterstützen dich in dem, was du tust. In welche Richtung sich dein Leben auch entwickeln wird, deine Familie wird immer da sein und du wirst sie immer brauchen.

Das Gefühl von zuhause sein, von Geborgenheit und Wärme, das Gefühl von Liebe findest du nur in deiner Familie.

In diesem Buch spreche ich darüber, wie du zu deinem besten Selbst findest, das Beste aus deinem Leben machst und deine Ziele erreichst. Die Familie ist ein wichtiger Teil davon. Meine Familie ist mein Auffangnetz. Ich kann mich auf sie verlassen und mit ihr im Rücken kann ich alles in meinem Leben erreichen, was ich mir erträume.

Family is the most important thing in the world.

– Princess Diana

Meine Familie bedeutet mir alles. Ich weiß, dass ich mich auf sie verlassen kann und sie auch in dunklen Zeiten zu mir steht. Ich wüsste nicht, ob ich die letzten Jahre so gut überstanden hätte, wenn ich meine Familie nicht gehabt hätte. Sie hat mich stärker gemacht und mir beigebracht, dass ich mich so lieben kann, wie ich bin. Wenn ich mich schwach und wertlos gefühlt habe, dann hat meine Mutter immer dafür gesorgt, dass ich mich besser gefühlt habe.

Egal ob es eine Umarmung war, sie die richtigen Worte gesagt hat, oder sie einfach nur da war. Sie hat es immer geschafft, dass ich mich besser fühlte. Meine Mutter ist ohnehin die beeindruckendste Frau, die ich kenne, und wird immer ein Vorbild für mich sein. Meine Schwester und ich können ihr so dankbar sein, dass sie alles für uns macht, was in ihren Möglichkeiten steht. Wie oft hat sie sich schon hinten angestellt, nur damit wir glücklich waren. Wahrscheinlich sogar ein bisschen zu oft.

Meine Mum hat alles alleine gemacht und sie hat es gerockt.

Wenn ich an eine Queen denke, muss ich immer zuerst an meine Mutter denken. Nach der Scheidung meiner Eltern, bei der ich sieben war und meine kleine Schwester vier, hat sie ihr Leben selber in die Hand genommen, und das hat sie so großartig gemacht. Es ist nicht einfach mit zwei kleinen Kindern, besonders wenn man vorher Hausfrau war. Aber jetzt musste meine Mum selber Geld verdienen und sich alleine um die Kinder kümmern. Und das hat sie wahnsinnig toll gemacht.

Wenn ich meine Schwester ansehe, dann bin ich so stolz auf meine Mutter. Es klingt verrückt, aber sie hat einen so selbstbewussten und selbstständigen Menschen erzogen, der genau weiß, was er will, dass sie nur stolz auf sich sein kann. Meine Mum hat ihr Leben gerockt und sie ist ein absolutes Vorbild für mich. Genauso wie mein Vater. Natürlich ist er ganz anders als meine Mutter, aber er ist ebenso beeindruckend und ich bin so dankbar, dass er mein Vater ist. Was es auch ist, er unterstützt mich in allem und versucht alle meine Träume möglich zu machen, egal was es ihn kostet (und meistens ist das ziemlich viel).

Wie dankbar bin ich ihm dafür, dass er mir damals meinen Traum erfüllt hat und mir ein eignes Pferd gekauft hat. Ein Pferd, das ich heute meinen besten Freund nennen kann und das mich gelehrt hat, stark zu sein. Dieses Pferd hat mich so oft gerettet, und das habe ich meinem Vater zu verdanken. Ich glaube, er würde alles für mich möglich machen, was in seiner Macht steht. Wie kann man dafür nicht dankbar sein? Deswegen sind meine Eltern so wichtig für mich. Weil sie sich so oft hintenanstellen, damit ich glücklich bin und meine Träume verfolgen kann.

Diese Unterstützung und dieser Glaube an mich sind nicht selbstverständlich für mich. Wann immer ich Gegenwind bekommen habe, haben sie mich wieder angefeuert und dafür gesorgt, dass ich mein Ding durchzog und mich nicht von anderen runterziehen ließ. Alles haben sie für mich möglich gemacht, ohne mit der Wimper zu zucken.

Meine ganze Familie ist für mich da, wenn ich sie brauche. Meine Großeltern genauso wie meine kleine Schwester. Die Beziehung zwischen Geschwistern ist noch mal etwas anderes als zu den Eltern oder Großeltern, und ich möchte auch darauf kurz eingehen. Denn auch wenn deine Geschwister dich in den absoluten Wahnsinn treiben können und du dir manchmal wünschst, ein Einzelkind zu sein, sind sie doch so wichtig für deine Entwicklung und für dein späteres Leben. Ich habe das Glück und gleich zwei kleinere Geschwister. Eine fünfzehnjährige Schwester, die mich in den absoluten Wahnsinn treibt, und einen fast vierjährigen Bruder, der mir mit seinen Kinderaugen die Welt noch einmal komplett neu erklärt. Gerade die Beziehung zu meiner Schwester ist eine ganz besondere, da wir nur drei Jahre auseinander sind. Ich kann mich gar nicht mehr an die Zeit erinnern, in der sie nicht da war. Und obwohl wir sehr gegensätzlich sind – ich bin die verträumte Kreative und meine Schwester ist der realitätsnahe sture Bock – ergänzen wir uns perfekt. Alles, was sie negativ sieht, sehe ich positiv. Alles, wobei ich Zweifel bekomme, macht sie einfach. Ich glaube, es gibt kaum einen Menschen in meinem Umfeld, der sich so stark von mir unterscheidet und dem ich trotzdem so nahe stehe. Wären wir keine Geschwister, würden wir uns wahrscheinlich noch nicht einmal mögen, geschweige denn Zeit miteinander verbringen. Aber das tun wir, nicht nur, weil wir irgendwie dazu gezwungen werden, sondern auch, weil wir es gerne tun. Wir können zusammen über die gleichen Sachen lachen und stehen einander bei. Unsere Unterschiede stärken unsere Beziehung nur noch, und obwohl wir uns richtig streiten können und wütend aufeinander sein können, bin ich doch froh, dass ich meine Schwester habe. Meinen kleinen Giftzwerg, der mich mit seiner abgeklärten Art immer wieder zum Lachen bringt und über den ich in so vielen Situationen nur staunen kann, weil er alles mit einer Selbstverständlichkeit macht, die mir so häufig fehlt.

Eines meiner größten Vorbilder weilt leider nicht mehr unter uns. Mit neun musste ich mein erstes Familienmitglied beerdigen. Es war so hart, mich von meinem Großvater zu verabschieden, zu dem ich immer aufgesehen habe. Aber noch heute ist er mein Vorbild, denn er hat mir gezeigt, dass es möglich ist, sich aus dem Nichts etwas aufzubauen und sich die Welt so zu schaffen, wie sie einem gefällt. Ich habe so viel von ihm gelernt, und manchmal bin ich wahnsinnig traurig, dass er nicht sehen kann, was aus mir geworden ist. Wie gerne würde ich mit ihm meine Karrierepläne besprechen, aber ich bin mir sicher, dass er stolz auf mich wäre. Egal was ich tue.

Generell kann man von seinen Großeltern so viel lernen. Meine haben mir wahnsinnig viel beigebracht. Sie haben mich gelehrt, dass ich stolz auf mich und meine Interessen sein kann. Dass ich in jeder Situation für mich einstehen muss und niemals aufgeben darf.

Meine Großmütter sind beide starke Frauen, zu denen ich nur aufsehen kann. Sie verkörpern Frauenpower für mich, auch wenn beide das auf unterschiedliche Weise tun.

Die Frauen in meiner Familie haben mich gelehrt, was Frauenpower heißt. Dass man alles schaffen kann, was man sich vorgenommen hat, und man dafür keinen Mann braucht. Wir sind Powerfrauen und darauf bin ich stolz.

Kein Satz beschreibt die Frauenpower in meiner Familie mehr als dieser: »Der Mann hat zwar die Hosen an, aber die Frau entscheidet, welche er anzieht.«

Ich bin umgeben von Karrierefrauen, die Beruf und Kinder problemlos unter einen Hut kriegen, und das will ich später auch. Und dafür habe ich genau die richtigen Vorbilder.

Mein noch lebender Großvater ist eine so spannende Persönlichkeit und ich liebe es, seinen Geschichten zu lauschen, die er mir erzählt. Er teilt mein Interesse für Fußball und unterstützt mich, damit ich das erreiche, was ich mir vorgenommen habe. Er ist eine so unfassbar liebe Persönlichkeit, mit einem wahnsinnig großen Herzen, die man einfach nur lieben kann.

Diesen Menschen verdanke ich alles und ich werde niemals aufhören, dafür dankbar zu sein, was sie mich gelehrt haben, und für die Liebe, die sie mir geschenkt haben.

Ich kann mir keine Welt vorstellen, in der ich meine Familie nicht um mich habe. Immer schon war ich ein Familienmensch und ich kann mir nichts Schöneres vorstellen, als Zeit mit meinen Lieben zu verbringen.

Wie sehr liebe ich die gemeinsamen Familienfeiern, bei denen wir Zeit zusammen verbringen und einfach glücklich sind. Dann gibt es keine Probleme, keinen Stress, dann gibt es nur das Hier und Jetzt.

Mein ganzes Leben lang schon war Weihnachten mein Lieblingsfeiertag. Als Kind waren mir natürlich hauptsächlich die Geschenke wichtig, aber nach einem einschneidenden Erlebnis, als meine Großmutter an Weihnachten ins Krankenhaus eingeliefert wurde, vor ein paar Jahren habe ich gelernt, dass es an Weihnachten um die Familie geht. Nicht darum, was wir einander beschenken, sondern darum, dass man jede Sekunde miteinander nutzt und keine Zeit verschwendet. Denn Zeit ist endlich. Ich will Weihnachten nicht getrennt von meiner Familie verbringen. Wir gehören zusammen und das ganz besonders an diesem einen Tag im Jahr. Die Geschenke sind dabei nebensächlich geworden, vielmehr geht es um die Wärme und um die Liebe, die in einer Familie existieren. Wir verstehen einander und wir lachen gemeinsam.

Meine Kindheit ist geschmückt mit wundervollen Erinnerungen an meine Familie, an Weihnachten, meinen Geburtstag oder einen ganz normalen Sonntag.

Als ich mein Auslandsjahr gemacht habe, war es das Schwerste für mich, dass ich von meiner Familie getrennt war und nicht an den jährlichen Familienfeiern teilnehmen konnte. Doch hatte ich Glück und meine Gastfamilie hat mich sehr herzlich aufgenommen, und so hatte ich einen Familienersatz, während ich von meiner Familie getrennt war.

Es ist schwierig auszudrücken, was Familie für mich bedeutet. Es gibt so viel, was mir dazu einfallen würde, aber eigentlich kann ich nur sagen, dass ich sie liebe und meine Familie so wichtig für mich ist. Keinen von ihnen möchte ich missen und ich bin dankbar dafür, dass wir eine richtige Familie sind und wir immer füreinander da sind. Danke euch.

The world should be full of love. Love. Love is the most important thing in the World.

– Michael Jackson

Meine Familie ist die Basis für meinen Erfolg. Sie unterstützt mich, wann immer ich es brauche, und ermutigt mich, meinen Traum zu verfolgen. Wenn ich mich auf die Menschen um mich herum verlassen kann und weiß, dass sie mich lieben, egal was passiert, dann kann ich es riskieren, alles für meinen Traum zu geben.

Ich weiß, dass meine Familie hinter mir stehen wird und dass sie mich liebt und akzeptiert, so wie ich bin, was auch passiert. Da ich mir dessen sicher bin, habe ich keine Angst, meinen Traum zu verfolgen. Ich kümmere mich nicht darum, was fremde Menschen von mir denken, mir ist nur wichtig, was meine Familie von mir denkt.

Ihre Meinung ist mir wichtig und ich will, dass sie stolz auf mich sind. Und das sind sie, da bin ich mir sicher. Denn sie sind ein Leben lang bei mir und in der harten Erfolgswelt, in der es oft kalt und herzlos zu geht, ist es wichtig für mich, dieses Supportsystem um mich zu haben. Erinnert mich daran, wer ich bin und wo ich herkomme.

Ich bin in einer Familie aufgewachsen, in der das Familienleben großgeschrieben wird und in der wir viel Kontakt haben und alle gleich gestellt sind. Das wird auch immer so bleiben und ich werde diese Werte auch immer in mir tragen.

Meine unglaublich starke Familie hat mir häufig geholfen, das Leben leichter zu nehmen und Entscheidungen zu treffen. Sie holt mich aber auch auf den Boden der Realität zurück, wenn ich mal wieder davonzufliegen drohe.

Du solltest niemals vergessen, wem du alles zu verdanken hast. Deine Eltern machen alles für dich und sie würden immer alles für dich tun. Sie geben so viel für dich auf und versuchen, dein Leben perfekt zu machen, wobei sie ihres häufig vergessen.

Was ich sehr an meiner Familie schätze, ist, dass wir wütend aufeinander sein können, aber am Ende doch immer füreinander da sind. Was auch passiert, wenn einer von uns etwas braucht, dann sind die anderen da.

Denn das ist es, worum es in einer Familie gehen sollte, dass ihr euch gegenseitig unterstützt und immer füreinander da seid. Es gibt so viele Momente, an die ich mich erinnern kann, in denen meine Familie für mich da war, ohne dass groß gefragt wurde. Wenn es sein muss, dann stehen wir immer füreinander ein und jeder ist für jeden da.

Jeder von uns kann bezeugen, dass das Leben hart sein kann. Es gibt immer Situationen, denen wir alleine einfach nicht gewachsen sind und die wir nicht kontrollieren können. Dann brauchen wir ein sicheres Umfeld, das uns davon abhält, durchzudrehen, und uns versichert, dass alles wieder gut werden wird. Dass wir uns keine Sorgen zu machen brauchen und mit der Familie im Rücken alles schaffen können.

Sie verhindert, dass du alleine bist. Denn das bist du nicht. Niemals. Mit deiner Familie hast du immer Menschen um dich herum, die nur das Beste für dich wollen und dafür sorgen, dass es dir gut geht. Als Familie sind wir stark. Zusammen können wir alles schaffen und jede Situation überstehen.

Dafür ist Familie da. Damit ihr gemeinsam solche Situationen durchsteht. Denn du bist nicht alleine.

Es macht mich immer wieder traurig und nachdenklich, dass Familie nicht selbstverständlich ist. Es gibt so viele Menschen, die keine Familie mehr haben, oder die nie eine hatten. So viele Kinder, die in Waisenhäusern aufwachsen mussten, oder von Pflegefamilie zu Pflegefamilie gewandert sind.

Wenn ich an diese Menschen denke, dann bin ich noch dankbarer für die Familie, die ich habe. Für die Wärme, mit der ich aufgewachsen bin, und dass ich ein gewisses Grundvertrauen habe.

Dass ich nicht alleine bin.

Es ist traurig, dass nicht jeder Mensch dieses Glück hat. Es muss schrecklich sein, wenn du keine Familie um dich herum hast, die dich liebt und dich unterstützt. Wie schwer muss es sein, wenn du alles alleine durchstehen musst? Ich kann und will mir das nicht vorstellen.

Nichtsdestotrotz versuche ich mich immer wieder daran zu erinnern, dass Familie nicht selbstverständlich ist und ich verdammtes Glück gehabt habe, dass ich eine große und tolle Familie habe.

Wie ich schon angesprochen habe, sind meine Eltern ganz besonders für mich, weil sie sich selber so oft hintenanstellen, um mich glücklich zu machen. Ich vertraue ihnen und ich vertraue darauf, dass sie nur das Beste für mich wollen. Auch wenn ich das manchmal nicht sofort einsehen will. Niemals würden meine Eltern etwas tun, das mir schaden würde. Und ich bin mir ziemlich sicher, dass deine Eltern das genauso wenig tun würden. Denn warum sollten sie auch? Schließlich lieben deine Eltern dich und wollen, dass du glücklich bist. Vertraue auf sie und darauf, dass sie nur das Beste für dich wollen.

Denn sie wollen, dass du alle deine Träume erreichst, dass du das machst, was du liebst und sie lieben dich bestimmt, egal was du tust.

Die gemeinsamen Erinnerungen rufen mir ins Gedächtnis, wie besonders und schön meine Kindheit war. Allein all die Urlaube und Familienfeiern! Wir haben immer viel miteinander unternommen und mindestens einmal im Jahr sind wir mit meinen Großeltern verreist. Diese Urlaube waren verrückt, aber sie haben auch unfassbar viel Spaß gemacht. Wir teilen so viele lustige Erinnerungen miteinander, über die wir gemeinsam lachen können.

Ich werde diese Erinnerungen immer bei mir tragen und sie werden mir ein Lächeln ins Gesicht zaubern. Meine Schwester versteht mich da nur zu gut, denn wie oft haben wir schon darüber gelacht, was mein kleiner Cousin alles gemacht und gesagt hat. Egal ob er einen toten Vogel für ein Ostergeschenk gehalten hat, oder ob er vergessen hat, sein Schlafanzugoberteil unter seinem T-Shirt auszuziehen. Wir lachen darüber, wie mein Onkel einmal eine Ziege für ein Känguru gehalten hat, oder darüber, wie ich von einer Klappkiste eingeklemmt wurde. Diese Erinnerungen sind Gold wert und werden mich ein Leben lang begleiten. Wenn ich einmal traurig bin, dann rufe ich sie mir wieder ins Gedächtnis und sie erinnern mich immer daran, das Leben nicht zu ernst zu nehmen und zu lachen. Positive Erinnerungen sind unfassbar wichtig und du solltest sie immer als etwas Besonderes betrachten. Denn wenn einmal alles grau aussieht und du nicht weiter weißt, dann denke daran, was du alles Schönes erlebt hast und daran, dass du wieder solche Erinnerungen schaffen kannst. Positive Erinnerungen, die dein Herz erwärmen, wenn du an sie denkst.

Ich hatte immer eine große Familie um mich herum, die mich gelehrt hat, dass Familienleben auch Arbeit bedeutet. Es ist nicht immer leicht und du musst auf die anderen Familienmitglieder zugehen und ihnen etwas zurückgeben, wenn du ihre Unterstützung und Hilfe brauchst. Denn selbst wenn in einer Familie eine gewisse Unterstützung selbstverständlich ist, musst du auch zurückgeben. Du bist Teil von etwas Ganzem und dafür musst auch du deinen Beitrag bezahlen.

Family means no one gets left behind or forgotten.

– David Ogden Stiers

Was ich an meiner Familie so sehr liebe und wertschätze, ist, dass wir immer und bedingungslos füreinander da sind. Wenn es hart auf hart kommt, dann stehen wir füreinander ein, und keine Strecke ist zu weit, als dass man sie nicht überbrücken könnte, um einander zu helfen.

Eine Situation, die mich immer wieder daran erinnert, ist die, als meine Schwester sich beide Füße gebrochen hatte und meine Tante den ganzen Weg von Hamburg nach Lübeck gefahren ist, nur um meiner Schwester ihr Lieblingskuscheltier zu bringen. Es wurden keine Fragen gestellt und alles andere wurde zur Nebensache, denn ein Familienmitglied brauchte Hilfe. Auf diesem Vertrauen, dass wir füreinander da sind und einander helfen, ist meine Familie aufgebaut.

Und das halte ich für so unfassbar wichtig in einer Familie. Dass du Menschen um dich herum hast, die alles für dich tun würden und die immer bereit sind, dir zu helfen. Das ist es, was eine Familie so besonders macht.

Leider ist es ja nicht selbstverständlich, dass man eine Familie um sich herum hat. Viele von uns haben dieses Glück, aber das betrifft nun einmal nicht jeden. Umso wichtiger finde ich es, dass ihr dankbar füreinander seid und euch gegenseitig wertschätzt.

Ich bin sehr dankbar dafür, dass ich diese großartigen Menschen um mich herum habe und ich mit ihnen aufwachsen durfte. Und das ist der Schlüssel, um glücklich zu sein. Sei dankbar für das, was du hast.

Sei dankbar für die Menschen, die du um dich herum hast und die alles tun, damit du glücklich bist. Sei dankbar, dass du nicht alleine bist. Dankbarkeit hilft dir, zu verstehen, dass nicht alles im Leben selbstverständlich ist und du dich wahnsinnig glücklich schätzen kannst.

Ganz wichtig ist für mich, dass man sich Zeit für seine Familie nimmt. Das du dir hin und wieder eine Auszeit von deinem hektischen Leben nimmst und einfach nur die Zeit mit deiner Familie genießt.

So hart und so traurig, wie es ist, aber diese Menschen werden nicht immer da sein. Zeit ist endlich und du solltest sie nutzen. Du kannst abschalten und neue gemeinsame Erinnerungen schaffen. Erinnerungen, die dir ein Leben lang bleiben und dich immer glücklich machen werden. Lass diese wertvolle Zeit nicht an dir vorbeiziehen, sondern nutze sie. Denn Zeit mit der Familie ist niemals verschwendete Zeit.

Vielmehr hilft sie dir dabei, dich zu entspannen, glücklich zu sein und dich als Person weiterzuentwickeln. Gemeinsames Lachen und die Geschichten, die ihr untereinander austauscht, werden dein Leben bereichern, also denke nicht zu viel über die Zeit nach, die dir vielleicht verloren gehen könnten. Zeit mit der Familie ist niemals verlorene Zeit.

Niemals würde ich jemanden aus meiner Familie alleine lassen, in einer Situation, in der er mich braucht. Niemals würde ich auch nur auf den Gedanken kommen. Und ich bin mir so sicher, dass meine Familie mich auch niemals alleine lassen würde.

Und wir brauchen uns gegenseitig. In so vielen Situationen. Keiner von uns muss alleine im Regen stehen. Braucht eines der Familienmitglieder Hilfe, weil es gerade eine schwere Zeit durchmacht, dann sind die anderen da.

Ich liebe meine Familie, und du tust das sicherlich auch. Jeder von uns sollte seine Familie lieben und sie wertschätzen. Aber da wird es mir nicht anders gehen, als dir auch. Ich sage meinen Familienmitgliedern viel zu selten, was sie mir eigentlich bedeuten.

Dass ich so dankbar dafür bin, dass ich sie habe und mir ein Leben ohne sie nicht vorstellen kann. Immer wieder vergesse ich, es ihnen zu sagen.

Dabei ist das so wichtig. Jeder von uns will wertgeschätzt werden und das will deine Familie auch. Denn schließlich tun sie alle so viel für dich. Auch im Alltag sollten wir uns regelmäßig daran erinnern, ihnen zu sagen, dass wir sie lieb haben und dankbar dafür sind, dass wir sie haben und sie für uns da sind.

Lege jetzt für ein paar Minuten dieses Buch weg und sage deinen Liebsten, was sie dir eigentlich bedeuten. Ich kann dir versichern, dass sie es dir mit Liebe zurückzahlen werden.

Eine Sache, die ich von meiner Familie gelernt habe und die ich nur allzu gerne weitergebe, ist die, dass ihr euch gegenseitig immer die Wahrheit sagt, egal wie hart sie ist.

Ich bin beispielsweise ein Mensch, der nicht wirklich darüber nachdenkt, wie gewisse Sachen funktionieren, und ich gehe eigentlich immer davon aus, dass es irgendwie schon gehen wird, was aber häufig nicht der Fall ist. Zum Glück habe ich meine Familie, die mich immer wieder zurück in die Realität holt und daran erinnert, dass nicht alles einfach so funktioniert, sondern dass ich mir einen Plan machen muss und nicht alles alleine schaffen kann.

Auch wenn ich diese Wahrheiten nicht immer gerne höre, ist es dennoch gut, dass sie mir jemand sagt. Und dadurch, dass meine

Familie nur das Beste für mich will, kann ich von ihr auch Kritik und Ratschläge annehmen.

Auch in Deiner Familie würde dir niemand absichtlich schaden wollen, also vertraue darauf, was deine Familienmitglieder dir sagen. Die Älteren von ihnen haben mehr Erfahrung im Leben und wissen, wie gewisse Sachen funktionieren, im Gegensatz zu dir. Also höre ihnen zu und vertraue auf die Ratschläge, die sie dir geben.

Ich bin froh, dass meine Familie mir sagt, wenn ich wieder einmal zu viel will und mir mehr vornehme, als ich eigentlich schaffen kann. Danach schaffe ich es viel besser, mir sinnvolle Pläne zu machen. Denn manche Wahrheiten müssen einfach ausgesprochen werden, egal wie hart sie sind.

Die Wärme in einer Familie ist nur zu spüren, wenn ihr gemeinsam lacht und euch gegenseitig zum Lachen bringt. Familie ist ein Ort, an dem du dich wohlfühlen sollst und auf die gemeinsame Zeit solltest du dich freuen. Das Leben ist viel zu ernst und um ab und zu eine Pause davon zu bekommen, solltest du gemeinsam mit deiner Familie lachen können.

Über die gemeinsamen Erinnerungen, die ihr euch schon geschaffen habt, über Insider, die nur ihr kennt, und einfach über das Leben. Lachen macht so frei und wenn du gemeinsam mit Menschen lachen kannst, die du liebst, dann ist das so wertvoll. Lacht mehr gemeinsam und versucht, den Ernst des Lebens hinter euch zu lassen. Mit manch schwerer Situation kann man viel besser umgehen, wenn man gemeinsam darüber lachen kann.

Das klingt ein bisschen makaber, aber in jeder noch so aussichtslosen und dunklen Situation steckt doch auch immer etwas, worüber ihr gemeinsam lachen könnt und was den Moment etwas weniger schlimm macht.

Ich habe das Glück und habe in meiner Familie sehr beeindruckende Persönlichkeiten, die schon viel in ihrem Leben geschafft haben und von denen ich gerne lerne.

Jedes Mitglied meiner Familie ist immer auch ein Vorbild für mich und jeder von ihnen hat etwas erreicht oder eine Eigenschaft, die ich mir für mein eignes Leben abgucken kann. Diese Leute haben mich so viel über das Leben gelehrt, das ich gerne mitnehme. Gerne vertraue ich auf ihre Ratschläge und versuche, sie umzusetzen.

Dir geht es bestimmt genauso. Es gibt so viel, was du von den Menschen um dich herum lernen kannst. Höre ihnen zu und nutze die Chancen, die sie dir damit geben.

Natürlich wird dich auch einiges an deiner Familie nerven oder aufregen. Das ist nun einmal so, denn Menschen sind nicht perfekt. Und deine Familie ist es auch nicht. Genauso wenig wie du. Ich bin mir aber im Klaren darüber, dass meine Familienmitglieder mehr positive als negative Eigenschaften haben.

Diese negativen Eigenschaften bedeuten nichts im Vergleich zu den positiven Eigenschaften. Klar nerven sie hin und wieder. Aber auch du wirst deinen Familienmitgliedern hin und wieder auf die Nerven gehen, so sehr ihr euch auch liebt. Denn man muss an den Beziehungen zueinander arbeiten. Das ist nicht immer leicht, aber wenn du dich daran erinnerst, was deine Familie schon alles für dich getan hat und wenn du ihre positiven Eigenschaften wertschätzt, dann ist es viel leichter. Wertschätze, was sie für dich tun, für dich aufgeben und wertschätze die Zeit, die ihr miteinander verbringt.

I think togetherness is a very important ingredient to family life.

– Barbara Bush

Familie kann so viel bedeuten. Du kannst beispielsweise auch deine Freunde zu deiner Familie zählen. Es müssen nicht nur Menschen sein, mit denen du eine Blutlinie teilst. Familie ist so viel mehr als nur Blut. Familie bedeutet Wärme, Vertrauen und Ehrlichkeit. Diese Verbindung kannst du auch mit Personen haben, die außerhalb deiner Familie stehen. Freunde zu haben, die sich wie Familie anfühlen, bedeutet unfassbares Glück. Wenn du aus einem Fremden eine Person machen kannst, der du alles anvertrauen kannst und ihr euch gegenseitig unterstützt. Das ist wirklich etwas ganz Besonderes, was du unbedingt in Ehren halten solltest.

Family is not an important thing. It's everything.

– Michael J. Fox

Was ich mit diesem Kapitel sagen will, ist also, dass du deine Familie wertschätzen solltest. Mache Familie zu einer Priorität und lerne von ihr. Familie ist so wichtig für deine Entwicklung und später kannst du dich immer auf sie verlassen, so wie sich die anderen Familienmitglieder auf dich verlassen können.

Dieses Kapitel ist als Dankeschön an meine Familie gerichtet, für all die Situationen, in denen sie mir schon geholfen hat. Für alles, was sie für mich möglich gemacht hat. Ein riesengroßes Dankeschön an euch. Ihr seid alle etwas ganz Besonderes und ich bin froh, dass ihr meine Familie seid.

12.

Das Jagen deiner Träume

Dreaming with your eyes wide open.
– The greatest showman

Wie lange habe ich selber nach der richtigen Motivation gesucht. Ich hatte große Pläne und Träume, aber keine Ahnung, wie ich mit ihnen glücklich werden konnte. Ich wusste nicht, was genau ich eigentlich wollte. Und wenn ich dann doch einmal etwas wollte, habe ich es nie in die Tat umgesetzt. Ich frage mich noch heute, warum nicht. Aber ich glaube, ich bin der Antwort ein Stück näher. Oder den Antworten. Seit ich vierzehn bin, will ich schreiben, Autorin und Journalistin sein. Mit fünfzehn habe ich mein erstes Buch geschrieben, das mich heute aber nur zittern lässt, so schlecht ist es. Die Dialoge sind uninspiriert und wirken aufgesetzt. Ständig verwende ich die gleichen Worte, der Geschichte fehlt jegliche Spannung und von einem gewissen Etwas braucht man gar nicht erst zu sprechen. Das Buch ist langweilig und man kann es eigentlich niemandem zum Lesen geben. Damals hat mich das nur frustriert. Warum konnte ich nicht in die Tat umsetzen, was sich in meinem Kopf so gut angehört hatte? Schnell habe ich die Lust verloren, habe aber niemals aufgehört, mich darüber zu ärgern. Ich wollte doch schreiben, da musste es doch auch möglich sein, dass ich es tue, oder etwa nicht? Motivation war mir zu der Zeit ein

Fremdwort und Inspiration war schwer zu finden. Anfang des Jahres 2018 hat sich das geändert. Nach meinem Auslandsjahr und neuen Erlebnissen war sie auf einmal da. Die Motivation. Jetzt weiß ich, wohin ich will. Was ich mit meinen Büchern sagen will. Dafür musste sich aber erst einiges ändern. Ich musste mich ändern. Habe ich früher immer gedacht, dass mir alles in den Schoss fallen würde, wenn ich es nur stark genug will, weiß ich heute, dass ich dafür arbeiten muss. Ich muss mich auf meinen Hintern setzen und auch dann noch weiterschreiben, wenn meine Finger glühen und mein Kopf dröhnt. Ich darf nicht mehr einfach aufgeben und darf auch nach Rückschlägen nicht einstecken. Wenn ich etwas erreichen will, dann muss ich kämpfen, dann muss ich hart arbeiten und darf nicht auf Motivation und Inspiration warten. Ich muss selber dafür sorgen, dass ich sie finde.

Never say never, because limits, like fears,
are often just an Illusion.

– Michael Jordan

Angefangen habe ich damit im März 2018, als ich begann, für meinen Schulabschluss zu lernen. Um die Noten zu bekommen, die ich gern haben wollte, musste ich viel lernen. Und ich bin froh, dass mir das so gut gelungen ist.

Ich habe Karteikarten geschrieben, Übersichten gestaltet und alles bis zum Erbrechen wiederholt. Dafür musste ich Nächte durcharbeiten und habe teilweise nichts anderes gemacht, außer zu lernen. Aber es hat etwas gebracht. Ich bin vorangekommen und habe den Abschluss so gemacht, wie ich mir das vorgestellt hatte.

Zum gefühlt ersten Mal ging ich in meine Abschlussprüfungen mit dem Gefühl, dass ich wusste, was kommen würde und ich tatsächlich darauf vorbereitet war. Das hatte ich mir selber erarbeiten und es hat mir gezeigt, dass ich es kann, wenn ich wirklich etwas erreichen will.

Früher habe ich vor meinen Lernsachen gesessen und nur davon geträumt, wie es wäre, wenn ich gute Noten schreiben würde und mit einem guten Gefühl in eine Klausur gehen würde. Jetzt habe ich es tatsächlich umgesetzt. Und ich habe es geschafft und die harte Arbeit hat sich gelohnt.

Aber selbst wenn ich in meinen Prüfungen versagt hätte, wäre allein die Erfahrung schon viel wert gewesen. Weil ich mich selber dahin gepuscht habe, das zu erreichen, was ich mir vorgenommen hatte. Ich habe mich zusammengerissen und war motiviert genug, um etwas zu tun. Aber auch, wenn es mir mittlerweile einfacher fällt, mich zu motivieren, gibt es dennoch Tage, an denen habe ich einfach zu gar nichts Lust. Dann will ich den ganzen Tag im Bett liegen und ein gutes Buch lesen oder eine gute Serie gucken. Da fällt es mir wahnsinnig schwer, morgens aufzustehen und irgendetwas zu tun. Aber es muss sein, wenn ich wirklich etwas erreichen will. Meine Träume sind nun einmal mit harter Arbeit verbunden und für diese muss ich mich motivieren. Immer und immer wieder. Denn es bleibt hart. Es bleibt hin und wieder ein Kampf. Aber einer, den ich gelernt habe zu gewinnen. Mit einfachen Tricks und ein paar Sachen, die ich für mich selber erst herausfinden musste, habe ich es geschafft, mir eine Strategie für diesen Kampf zu überlegen. Und es funktioniert. Jedes Mal aufs Neue. Ich gewinne gegen mich selber, und mit der Zeit werden sich auch meine Träume erfüllen. Jedenfalls wenn ich die Motivation beibehalte und nicht auf Inspiration warte.

Get a good idea and stay with it.
Dog it and work at it until it's done right.

– Walt Disney

Um mich selber zu motivieren, gehe ich gerne auf Pinterest und lasse mich da inspirieren. Ich bin total süchtig nach der Seite. Ich finde immer Bilder, Tricks und Tipps, die mich motivieren und mir neuen Schwung geben. Egal ob es um gesunde Rezepte geht oder um Inspiration für Einrichtungen.

Sehr gerne nutze ich auch Pinterest für die Bücher, an denen ich arbeite. Ich suche nach Bildern, die mich an eine gewisse Szene erinnern, oder nach Charakterinspiration und auch sehr gerne nach Zitaten.

Ich habe mittlerweile so viele Boards, die ich gerne durchstöbere und immer wieder erweitere. Wenn ich an einem Buchprojekt schreibe und eine Schreibblockade habe und einfach nicht weiterkomme, sehe ich mir dazu meine Boards an. In den meisten Fällen bekomme ich dann wieder neue Inspiration und komme wieder voran.

Außerdem habe ich Boards für Charakterinspiration, Deko, Fandoms, Food, Hair, Home, Inspiration (grundsätzlich), Journalist, Outfit Inspiration und Zeichnen. Und dann natürlich noch zu meinen Bücherprojekten.

Mittlerweile bin ich total süchtig nach Pinterest und kann teilweise Stunden auf der Plattform verbringen. Und dabei lese ich besonders gerne Zitate. Ich liebe Zitate und sie inspirieren mich immer (deswegen habe ich auch so viele in diesem Buch eingebaut).

Egal ob aus Songtexten, aus Büchern oder einfach so gesagt. Genau deshalb bestehen meine Bücher-Boards auch zu fast fünfzig Prozent aus Zitaten und ich habe ein ganzes Buch, in dem ich sie alle sammele.

Pinterest ist an dieser Stelle ein ganz großer Tipp von mir, um Motivation und Inspiration für deine Projekte und dein Leben zu finden.

Success is only meaningful and enjoyable if it feels like your own.

– Michelle Obama

Warum ich Pinterest so sehr liebe

- Ich kann Alles finden
- In meinen Boards kann ich alles übersichtlich zusammenhalten
- Es gibt so viele Zitate
- Wenn ich ins Stocken gerate, reicht meistens ein kleiner Ausflug auf Pinterest und ich habe wieder neue Ideen

Geht es darum, was mich inspiriert und mich dazu bringt, etwas erreichen zu wollen, dann befasse ich mich am liebsten mit Menschen. Das können Leute aus meinem Umfeld sein oder erfolgreiche Menschen, deren Biografien ich lese. Ich lasse mich nur allzu gerne von ihren Geschichten und von Dingen inspirieren, die mir auch passieren könnten.

Denn früher habe ich immer nach dem Unrealistischen gestrebt. Nicht dass TV-Serien grundsätzlich unrealistisch sind, aber in den meisten Fällen sind sie es eben doch.

Die Wahrscheinlichkeit, dass mein Leben so abläuft wie zum Beispiel in Gossip Girl (eine meiner absoluten Lieblingsserien) ist doch sehr gering.

Halte dich lieber an reale Personen und an ihre realen Erfolge. Wie beispielsweise Sophia Amoruso (und zu ihrem Leben gibt es sogar auch eine TV-Serie). Sie ist eine reale Person, die sich mit Problemen gequält hat, die ich jetzt sehr gut verstehen kann. Am Anfang hatte sie nicht viel mehr als ein leeres Portmonee und einen Leistenbruch. Aber sie hat es mit Leidenschaft geschafft, sich eine erfolgreiche Karriere aufzubauen.

Anstatt mir also das Leben von Personen anzugucken, die überhaupt nicht existieren (was aber auch manchmal sehr inspirierend sein kann), schaue ich auf echte Menschen, die größtenteils auch in der Branche arbeiten, in die ich gerne möchte.

Ich kann gar nicht mehr sagen, wie oft ich mir den Wikipedia-Eintrag von Alexander Bommes (Moderator bei der ARD) angesehen habe (wahrscheinlich deutlich zu oft). Denn er macht das, was ich auch so gerne machen möchte und mich interessiert einfach, wie er es geschafft hat. Was er getan hat, um jetzt da zu sein, wo er steht. Das soll nicht heißen, dass ich sein Leben kopieren will, sondern dass ich mir immer wieder Inspiration holen kann.

Was mich das reale Leben gelehrt hat

- Der Weg zum Ziel ist nicht immer geradeaus
- Vieles ergibt sich aus Situationen heraus
- Jeder hat eine Erfolgsgeschichte
- Ich muss zuhören und daraus lernen

Das kann ich dir auch nur als Tipp geben. Lausche echten Geschichten von echten Menschen, die ein reales Leben leben. Sie wissen, wie es funktioniert, wie man erfolgreich wird, und du kannst so viel von ihnen lernen. Du musst ihnen nur zuhören.

Wie häufig habe ich schon gehört, dass man nicht zu groß träumen darf und immer auf dem Boden bleiben muss. Dass meine Träume unrealistisch sind und ich sie so oder so niemals erreichen werde. Natürlich habe ich große Ziele und für viele klingen sie vielleicht auch erst einmal unrealistisch. Denn wie groß ist schon die Wahrscheinlichkeit, dass ich einmal die Sportschau moderieren werde (sehr gering)?

Aber ich kann es schaffen, vielleicht nicht morgen und vielleicht auch nicht in den nächsten zehn Jahren, aber eines Tages kann ich mir diesen Traum erfüllen. Wenn ich nicht aufgebe und mir von niemandem einreden lasse, dass das sowieso niemals passieren wird.

Große Träume machen große Veränderungen.

Ich versuche, groß zu träumen (und dabei realistisch zu bleiben) und mich nicht davon abbringen zu lassen. Denn ich sehe keine Grenzen, wenn es um meine Träume geht. Ich kann sein, wer immer ich auch will. Ich kann machen, was auch immer ich will. Niemand kann mir etwas vorschreiben.

Vielleicht sind meine Träume unsinnig, aber es sind meine Träume. Meine Ziele. Und ich brauche mir nicht sagen zu lassen, dass ich sie niemals erreichen werde. Denn wer bestimmt, wer seine Träume erreicht und wer nicht?

In erster Linie bin ich alleine dafür verantwortlich, ob ich meine Träume erreiche oder nicht. Ob ich es mir selber ermögliche, das zu tun, was ich will. Ja, es wird immer Hindernisse geben, aber wenn ich morgen noch nicht gut genug bin, dann verbessere ich mich weiter, bis ich übermorgen die Beste für den Job bin.

Ein »Das geht nicht« gibt es nicht, wenn es um meine Träume geht.

Nur große Träume können auch eine große Veränderung nach sich ziehen. Egal ob du nur dein eigenes Leben ändern möchtest, oder einen großen Wurf landen willst. Träume davon, was es bedeuten würde, etwas zu verändern, und lass dir nicht einreden, dass es nicht funktionieren wird.

Denn das wird es, wenn du selber daran glaubst. Vertraue dir selber, wenn es darum geht, was du dir vornimmst. Du kannst es schaffen und du kannst etwas verändern. Egal wie groß es ist.

You become what you believe.

– Oprah Winfrey

Warum meine Träume alles andere, als unrealistisch sind

- Es liegt in meiner Hand
- Ich kann mich immer verbessern
- Wenn noch nicht heute, dann vielleicht morgen
- Es gibt keine Grenzen für meine Träume
- Ich kann Alles werden, woran ich selber glaube, dass ich es werden kann

Ich lasse mich von so verschiedenen Quellen inspirieren, dass ich manchmal den Überblick verliere, woher was kommt und was genau ich damit anfangen kann. Also habe ich angefangen, alles zu sammeln, was mich inspiriert. Ich nenne das mein Visionsbuch.

Eigentlich ist es nur ein hübsches Notizbuch, in das ich Fotos eingeklebt habe (die meisten davon stammen von Pinterest), die mich inspirieren.

Wenn ich also mal nicht weiterweiß, blättere ich einfach ein bisschen durch dieses Visionbuch und sehe mir die schönen Bilder an, die alle etwas damit zu tun haben, was ich erreichen will.

Ich habe mein Visionsbuch in verschiedene Kategorien aufgeteilt, weil ich es sehr organisiert mag und ich es damit übersichtlicher finde. Die erste Kategorie ist Fashion. Darin habe ich Outfitbilder gesammelt und Zitate von zum Beispiel Coco Chanel. Fashion ist eindeutig nicht mein Hauptthema im Leben, aber ich beschäftige mich schon gerne mit neusten Trends und Kleidung, und besonders damit, wie man verschiedene Teile kombinieren kann.

Die zweite Kategorie ist Gesundheit. Darin befinden sich Bilder von leckeren Salaten oder von Menschen, die Sport machen, wie zum Beispiel Yoga.

Die dritte Kategorie ist eine meiner liebsten, nämlich das Reisen. Ich habe so viele Bilder von Orten, die ich einmal bereisen will, dass sie fast gar nicht mehr in mein Buch passen. Auf Pinterest habe ich so viele schöne Naturbilder gefunden, dass ich mich einfach nicht entscheiden konnte. Unbedingt möchte ich mal nach Rio de Janeiro zum Karneval, oder nach Südafrika in die Serengeti. Wenn ich mir diese Bilder ansehe, machen sie mich nicht nur glücklich, sie erinnern mich auch daran, dass das Leben ein großes Abenteuer ist und es so viele Orte auf der Erde gibt, die es wert sind, bereist zu werden. Und ich bin ein absoluter Reisefan. Eines meiner Lieblingszitate dazu ist:

»She has wanderlust in her eyes. You can see it from worlds away.«

Denn das Leben ist einfach zu kurz, um immer nur an einem Ort zu sein.

Weiter geht es dann in meinem Visionsbuch mit meinem Pferd und was ich mit ihm alles einmal erreichen möchte. Hauptsächlich finden sich darin Bilder von Springpferden, von Schabracken und – natürlich – von Zitaten. Denn auch für mein Pferd und mich habe ich noch Großes vor, und wenn es mal wieder nass und kalt ist und ich genau weiß, dass ich im Stall frieren werde, brauche ich Inspiration, um trotzdem in mein Auto zu steigen und loszufahren.

Die letzte Kategorie in meinem Visionsbuch ist die der Zukunft. Und die ist so wild durcheinandergewürfelt, dass es mir hier oft schwerfällt, die Übersicht zu behalten. Zum einen habe ich hier unfassbar viele Zitate, die mich motivieren, das erfolgreiche Leben zu führen, das ich mir vorgenommen habe. Die mich daran erinnern, dass Erfolg erarbeitet werden muss, dass ich immer mein Bestes geben muss und natürlich, dass Familie das Wichtigste ist. In dieser Kategorie sammele ich auch viele Bilder meiner Heimatstadt Hamburg, weil hier einfach mein Zuhause ist, und das wird so bleiben, wo auch immer ich einmal auf der Welt leben werde (die Norddeutsche in mir wird niemals verschwinden). Dann kann man in dieser Kategorie auch Bilder von Hochzeitskleidern finden (tief in meinem Inneren will ich das nämlich doch) und Bilder von Familien. Und ein Großteil wird von Fußballbildern eingenommen.

Hier habe ich mir einen Leitfaden für meine Zukunft erstellt, der mich auch in fünf Jahren daran erinnern wird, wer genau ich mit achtzehn sein wollte.

Kurz gesagt beinhaltet mein Visionsbuch alles, was ich im Leben will und was ich erreichen möchte. Und wenn mir die Motivation fehlt oder ich irgendwie den Faden verliere, nehme ich mir ein paar Minuten, setze mich hin und blättere in meinem Visionsbuch. Das hilft mir dabei, motiviert zu bleiben und auch an harten Tagen nicht aufzugeben.

Warum ich ein Visionbuch habe

- Es motiviert mich regelmäßig
- Ich halte alles zusammen, was mich inspiriert
- Es macht Spaß die Bilder herauszusuchen und einzukleben
- Es ist so klein, dass ich überall mithinnehmen kann
- Ich bin süchtig nach allem, was ich übersichtlich gestalten kann

*Your positive action combined
with your positive thinking results in success.*

– Shiv Khera

Mir hilft es sehr, wenn ich mein Ziel visualisiere und darüber nachdenke, was genau ich erreichen möchte und wie sich meine Situation dadurch verändern würde.

Wie würde mein Leben beispielsweise als Sportmoderatorin aussehen? Was hätte ich dann für einen Alltag? Was genau muss ich dafür noch tun?

Ich könnte mich eigentlich den ganzen Tag hinsetzen und alles um mich herum visualisieren. Das bringt mich dann aber auch nicht weiter. Also visualisiere ich meine Ziele, wenn ich einmal nicht vorankomme oder die Motivation verloren habe. Und während ich das tue, frage ich mich, ob es all die harte Arbeit wert ist. Ob es all die Enttäuschungen wert sind.

Und die Antwort darauf ist immer Ja. Natürlich ist es das wert. Denn die harte Arbeit (die momentan noch gar nicht so hart ist, zumindest was mein Ziel angeht, Sportmoderatorin zu werden) ist nichts im Vergleich zu dem, was mir dieses Ziel bedeutet.

Ich habe es fest vor Augen und so kann ich meine Motivation gar nicht verlieren (zumindest nicht langfristig).

Du musst dich immer wieder daran erinnern, dass du alles erreichen kannst. Es gibt keine Grenzen und mit harter Arbeit kannst du das Unmögliche möglich machen. Glaube daran, dass du es kannst, und mache es. Arbeite hart und gib nicht auf. Es ist nicht so schwer, wie es auf den ersten Blick scheint. Mit jedem Tag, der vergeht, mit jedem Schritt wirst du deinem Traum näher kommen, bis du ihn irgendwann erreicht hast. Vergiss alles, was dagegen spricht und mache es möglich. Es liegt in deiner Hand, was du erreichst und was nicht.

Warum ich meine Träume visualisiere

- Ich motiviere mich selber
- Ich stelle mir gerne vor, wie ich meine Ziele erreiche
- Meine Ziele erscheinen mir dann nicht mehr ganz so fern

All your reams can come true,
if we have the courage to pursue them.

– Walt Disney

Fehlt mir mal wieder die Motivation, setze ich mich auch hin und lese ein Buch. Ich liebe es Biografien zu lesen, aber meine absoluten Lieblings Genres sind New Adult und Fantasy. Und genau davon lasse ich mich gerne inspirieren. Das muss nicht unbedingt etwas mit meinen Zielen zu tun haben (obwohl ich mich auch gerne für meine eignen Buchprojekte inspirieren lasse), sondern einfach mit meinem Leben. Beispielsweise finde ich es spannend, wie Gespräche geführt werden oder wie Emotionen dargestellt werden.

Lesen ist einfach die schönste Art des Träumens. Es gibt keine Grenzen, man kann in fremde Welten eintauchen und Abenteuer erleben, die man in seinem richtigen Leben nicht erlebt.

Viele Bücher aus meiner Kindheit haben mich sehr geprägt. Ganz vorne dabei ist Harry Potter (ich weiß, ich bin ein totales Klischee). Als ich vier Jahre alt war, hat meine Mutter angefangen, mir die Geschichte des Jungen, der überlebte, zu erzählen und was soll ich sagen, ich habe sie sofort geliebt. Mit sieben habe ich dann den ersten Harry Potter-Band gelesen und seitdem bin ich endgültig gefangen.

Harry Potter hat mich in vielerlei Hinsicht geprägt. Vielleicht will ich auch genau deshalb Autorin werden.

Weil ich Geschichten erzählen will, die einen nicht mehr loslassen und die einem das ganze Leben über erhalten bleiben.

Darum trage ich auch jeden Tag einen Teil Harry Potters bei mir. Meine Lieblingskette ist nämlich der Zeitumkehrer aus dem dritten Band.

Durch jedes Buch, das ich jemals gelesen habe, habe ich etwas gelernt und jede Geschichte gibt mir einen neuen Input und ein Stück von ihr bleibt für immer bei mir.

Wer liegt nicht gerne im Dunkeln unter seiner Decke und lauscht seinem neuen Lieblingsalbum oder den alten Lieblingssongs? Es gibt nicht viel, was mich so sehr motiviert und inspiriert wie meine Lieblingstracks. Aber wem geht es nicht so? Die Texte gehen dir unter die Haut und die Musik kann dich in eine vollkommen andere Stimmung versetzen.

Besonders am Morgen höre ich gerne Tracks, die mich motivieren, das Beste aus meinem Leben zu machen und etwas zu bewegen. Laute Beats und Texte, die von Frauenpower handeln. Es gibt nichts Besseres als inspirierende Texte am Morgen.

Fühle ich mich uninspiriert, muss ich nur die richtige Musik anmachen und schon fällt mir so viel ein, dass ich praktisch gar nicht hinter den Ideen herkomme. Mir fällt so viel ein, das ich gerne sagen oder tun würde. Die richtige Musik gibt mir Power, um voll durchzustarten und um all das möglich zu machen, wovon ich schon so lange träume.

Gerne höre ich am Morgen auch Podcasts, besonders solche, in denen es um positive Gedanken geht und darum, wie man seine Träume erreicht. Ich liebe Podcasts, aus denen ich etwas lernen kann.

Zu jedem Thema, das mich interessiert, gibt es einen Podcast, der mich motiviert weiterzumachen.

Besonders, wenn ich im Auto sitze schalte ich gerne einen Podcast ein und lasse mich inspirieren. Sonst ist Autofahren auch einfach viel zu langweilig.

Ich höre zum Beispiel gern Fums & Grätsch, Lage der Nation, oder Happy, holy & confident. Es gibt wahnsinnig viele Podcasts auf Spotify und anderen Plattformen, und du wirst auf jeden Fall auch die richtigen für dich finden.

Immer wieder finde ich mich in Situationen wieder, in denen mir jegliche Motivation fehlt. Denn auch seit ich mein Leben einigermaßen im Griff habe (soweit, wie man ein Leben eben im Griff haben kann), gibt es Tage, an denen ich eigentlich überhaupt nichts mache, weil ich einfach nicht will. Weil ich mich nicht aufraffen kann und dann den ganzen Tag im Bett bleibe (es ist selten, aber es kommt vor).

Warum ich mich so gerne von Texten und Worten inspirieren lasse

- Es gibt nichts schöneres, als Worte
- Es gibt so viele Geschichten, die es wert sind, gehört zu werden
- Ich bin ein Bücherfreak

Manchmal arbeite ich auch hart und dann erleide ich einen Rückschlag, der mir jegliche Motivation raubt. Dann habe ich das Gefühl, dass ich meinen Traum niemals erreichen werde und alles umsonst ist.

Und genau dann ist es am schwersten, mich aufzuraffen, Motivation zu finden und weiterzumachen. Mich nicht herunterziehen zu lassen.

Um dieses deprimierende Gefühl wieder loszuwerden, überlege ich mir zuerst, warum ich mich unmotiviert fühle. Hat etwas nicht so geklappt, wie ich mir das vorgestellt habe? Habe ich Gegenwind bekommen oder habe ich einfach nur schlecht geschlafen?

Es kann viele Gründe geben, und wenn ich weiß, warum es gerade jetzt nicht richtig läuft, kann ich daran arbeiten und mich selber wieder motivieren.

Das Warum ist das Wichtigste, wenn es um Motivation geht.

Warum mache ich das, was ich gerade mache? Was will ich damit erreichen? Ich brauche dieses Warum, um weiterzumachen. Es ist die treibende Kraft hinter meiner Arbeit und lässt mich nicht verschnaufen. Wenn du weißt, warum du etwas willst, ist es viel leichter, es auch in die Tat umzusetzen.

Was ist es, was du wirklich möchtest? Die richtigen Gründe werden dich motivieren und inspirieren. Beispielsweise möchte ich gerne Menschen erreichen und dafür sorgen, dass viele positiver denken.

Habe ich mal wieder keine Lust zu schreiben und würde am liebsten aufgeben, denke ich daran, warum ich das tue, was ich tue und wie von Zauberhand kann ich gar nicht anders, als zu schreiben. Mein Warum ist der Grund dafür, dass du jetzt gerade dieses Buch liest und dass ich es überhaupt erst geschrieben habe. Denn ich wollte alles weitergeben, was ich für mich selber gelernt habe.

Es ist wichtig, dass ihr nie einfach aufgebt. Denkt daran, in die Sterne zu sehen, und nicht auf eure Füße.

– Stephen Hawking

Wie ich mich motivieren kann, um aus einem Motivationsloch herauszukommen

- Ich frage mich, warum ich mein Ziel erreichen will
- Ist mein Ziel mir die harte Arbeit wert?
- Meine Ziele immer vor Augen haben
- Mein Warum nie aus den Augen verlieren

Fremde Orte können dir neue Ideen bringen und dich inspirieren. All die verschiedenen Kulturen, die es auf der Welt gibt, können dir so viel beibringen und dir eine neue Betrachtungsweise geben.

Denke einmal an die vielen Menschen, die es auf der Welt gibt, und daran, dass jeder von ihnen so viel zu erzählen hätte, wenn du ihnen zuhören würdest. Jeder Ort erzählt eine andere Geschichte, auf jeder Reise erlebst du dein eigenes Abenteuer, aus dem sich später neue Ideen entwickeln können. Es gibt so viel zu sehen, es gibt so viel zu tun, und alles, was du tust und siehst, wird dich dazu inspirieren, mehr zu geben. Reisen und Sehen ist etwas, das mir gerade dann hilft, wenn ich nicht wirklich weiter weiß. Und wenn mir meine eigene Routine und Umgebung wieder mal zu langweilig werden. Es gibt immer etwas Neues, das ich sehen und lernen kann.

So viele Menschen, die ich kennenlernen kann und die mir etwas aus ihrem Leben mitgeben, das mich weiterbringt.

Das habe ich ganz besonders gemerkt, als ich ein Jahr in England gelebt habe. Wie viel Input eine neue Umgebung geben kann! Mir war vorher nicht klar, dass ich in meinem Denken teilweise sehr festgefahren bin und ich gewisse Dinge einfach so mache, wie alle um mich herum sie machen.

Aber es gibt noch so viele andere Denkweisen und Sichtweisen. In jedem Land, das ich bereist habe, habe ich etwas Neues gelernt. Und dazu muss ich gar nicht unbedingt die Grenzen meines Landes überqueren. Es reicht schon, wenn ich mal auf die andere Seite der Elbe wechsle.

Wie anders die Dinge in München oder Berlin gemacht werden und was da teilweise für eine andere Kultur herrscht. Ich habe das Glück, dass meine Eltern mir das Reisen immer ermöglicht haben. So viele Orte habe ich mit achtzehn schon gesehen, das ist nicht selbstverständlich. Und dafür bin ich sehr dankbar.

Warum Reisen mich zu einem besseren Menschen macht

- Es gibt so viele verschieden Kulturen, aus denen ich etwas lernen kann
- Auf jeder Reise habe ich etwas gelernt
- Neue Menschen erzählen neue Geschichten
- Reisen geben mir einen neuen Input

And people can be broken, sure, but any surgeon knows,
what's broken can be mended. What's hurt can be healed.
That no matter how dark it gets, the sun's going to rise again.

– Meredith Grey (Grey's Anatomy)

Lange habe ich gedacht, dass meine Zukunft schon geschrieben wäre.

Dass ich gar keine andere Wahl hätte, als mich dem anzupassen, was so oder so passieren würde. Statt mein Leben selber in die Hand zu nehmen, war ich nur ein stummer Beifahrer, der alles akzeptiert hat, mit der Ausrede, dass es so sein muss.

Aber das stimmt nicht. Ich kann in eine andere Richtung fahren und ich kann sogar mein Ziel ändern. Meine Zukunft liegt in meinen Händen und nur ich kann sie ändern.

Es kommt darauf an, was ich aus Situationen mitnehme, und was für Entscheidungen ich treffe. Es sind deine Entscheidungen, die dich an dein Ziel bringen und du musst den Weg selber gehen. Mit jeder kleinen Entscheidung, die ich täglich treffe, rückt mein

Ziel näher – oder ich komme davon ab, wenn ich mich falsch entschieden habe.

Ich versuche, jeden Tag dichter an mein Ziel zu gelangen und so viel zu geben, dass ich weiter vorankomme. Denn an jedem Tag, an dem ich nichts tue, rückt mein Ziel in weitere Ferne und ich werde vielleicht nie da ankommen, wo ich hin will.

Du kannst etwas verändern, wenn du die Schlüssel selber in die Hand nimmst und deinen eigenen Weg gehst. Es ist deine Zukunft und nur du entscheidest darüber, wie sie aussehen wird.

Wenn ich früher nach Ausreden gesucht habe, dann habe ich mir gerne eingeredet, dass ich es sowieso nicht schaffen kann. Dass ich mir zu viel vorgenommen habe.

Meine eigenen Gedanken und Ausreden haben mich immer davon abgehalten, das Beste aus allem und weiter zu machen, was auch passiert.

Da war nichts, was mich konstant gestoppt hat. Das war nur ich selber. Weil ich Angst bekam oder anfing zu zweifeln. Ich habe lange gebraucht, bis ich das verstanden habe.

Ich bin mir sicher, dass es dir häufig auch so geht. Dass deine Angst dir den Weg versperrt und du Chancen nicht nutzt, aus Angst, was passieren könnte. Du hältst dich selber davon ab, das zu tun, was du dir vorgenommen hast. Natürlich hat jeder Angst, das ist eine ganz normale Reaktion, aber ich habe für mich entschieden, dass ich mir nicht länger selber im Weg stehen werde. Ich habe keine Angst mehr, und falls sie mich doch mal befällt, lasse ich mich von ihr nicht aufhalten. Ich werde mich nicht länger selbst limitieren und aus Angst kleinhalten. Jetzt werde ich diese Chancen nutzen und sehen, was passiert. Beschränke du dich auch nicht selbst. Vertraue darauf, dass es gut gehen wird. Denn in den meisten Fällen tut es das auch.

Bist du hungrig, dein Ziel zu erreichen? Willst du nichts mehr, als deine Träume in die Tat umzusetzen? Früher habe ich immer gedacht, dass es schon passieren wird, und nichts dafür getan. Aber so funktioniert das leider nicht. Du musst hungrig sein und nichts mehr wollen, als deine Träume in die Tat umzusetzen. Dann wird dich nichts aufhalten können, erst recht nicht du selber. Nichts ist größer als die Motivation, mit der du dich selber vorantreibst. Denn das wird niemand anderes für dich tun. Du musst es selber wollen und bereit sein, andere Sachen für deinen Traum aufzugeben. Sei so hungrig, wie es nur geht, und pusche dich selber immer und immer wieder, damit du genau dahin kommst, wo du hinwillst.

Warum Ausreden jetzt nicht mehr zählen

- Mit Ausreden komme ich nicht an mein Ziel
- Ich will meine Ziele erreichen
- Ich muss für das Arbeiten, was ich erreichen will
- Ich habe die Kontrolle über mein Leben

You don't get what you don't ask for.

– Sophia Amoruso

Rückschläge sind ein unvermeidbares Thema. Denn sie kommen immer wieder. Und von Misserfolgen darf ich mich nicht herunterziehen lassen. Denn aus einem Schlappe kann ich stärker zurückkommen und aus jedem kann ich etwas lernen.

Und wenn ich meine Träume verwirklichen will, damit leben können, dass es nicht immer beim ersten Mal funktionieren wird.

Mein Buch, das ich mit fünfzehn geschrieben habe, war ein harter Rückschlag für mich. Weil ich es mir anders vorgestellt hatte und einfach nur frustriert darüber war, dass es nicht funktioniert hat. Dieses Buch habe ich am Ende ziemlich gehasst, weil ich noch zwei weitere Jahre versucht habe, alles aus ihm herauszuholen und es doch noch irgendwie gut zu machen. Es hat einfach alles nicht funktioniert und deswegen dachte ich, dass ich es auch niemals hinkriegen würde.

Aber mit fünfzehn war ich einfach viel zu jung, um ein so erfolgreiches Buch zu schreiben, wie ich mir das vorgestellt hatte. Und meine Vorstellungen waren auch zu unrealistisch. In so einer kurzen Zeit ein Buch zu schreiben und dann auch noch einen Verlagsvertrag zu bekommen, ist doch nicht sehr wahrscheinlich. Und natürlich bin ich dann mit diesem Projekt gescheitert. Ich sogar ganz mit dem Schreiben aufhören (habe ich zum Glück nicht).

Nachdem ich mich mit der Pleite abgefunden hatte, wurde es einfacher. Dieses Buch war abgehakt und ich konnte mich auf andere und neue Sachen konzentrieren, die mir mehr Freude bereiten würde. Anstatt mich ewig hinter meiner schlechten Arbeit zu verstecken, habe ich nach vorne gesehen und mir einen neuen Plan gemacht. Und es hat viel besser funktioniert, als ich gedacht hätte.

Trifft dich also einmal ein Rückschlag – und das wird er, ohne Gegenwind wirst du dir deinen Traum nicht erfüllen können –dann gib nicht auf, sondern mach weiter. Nutze diesen Gegenwind als Auftrieb. Lerne aus dem, was du beim letzten Mal falsch gemacht hast, und sieh nach vorne. Beim nächsten Versuch wird es bestimmt besser laufen. Meine Mutter sagt dann immer: »Hinfallen, aufstehen, Krone richten und weitergehen.«

Wenn also etwas schiefläuft, dann versuche, nur die positive Seite davon zu betrachten. Denn aus jedem Fehler kannst du lernen und aus jedem Rückschlag kannst du stärker zurückkommen. Siehst du immer die positive Seite, wird dir so vieles leichter vorkommen. Ich habe gelernt, dass alles eine positive Seite hat.

Habe ich früher alles nur negativ gesehen und wollte so oft aufgeben, sehe ich heute nur noch positiv. Ich tue etwas dafür, dass sich mein Traum erfüllt, und dann wird er das auch. Heute akzeptiere ich die Fehler, die ich begehe, und nutze sie, um etwas zu verändern. Um etwas besser zu machen. Meine positive Energie treibt mich voran und motiviert mich dazu, noch mehr zu arbeiten und niemals nachzulassen.

Warum ein Rückschlag hilfreich sein kann

- Du kannst etwas daraus lernen
- Gegenwind kann man wunderbar als Auftrieb benutzen
- Bei einem Rückschlag kannst du dir überlegen, wie deine Zukunft aussehen soll und wo du umdenken muss

Why don't we rewrite the stars? Changing the world to be ours.

– The greatest showman

Besonders den Geschichtsfans unter euch wird der nächste Punkt gefallen. Denn um mich inspirieren zu lassen, lese ich sehr gerne etwas über Geschichte. Es gibt so viele inspirierende Persönlichkeiten, dass es extrem schwerfallen kann, sich für eine Lieblingsperson zu entscheiden.

Zu meinen größten Vorbildern der Geschichte gehören Martin

Luther King, Michael Jackson und John F. Kennedy. Fühle ich mich mal wieder uninspiriert und weiß nicht so genau, was ich eigentlich will, dann lese ich gerne Reden von Martin Luther King und John F. Kennedy, oder ich höre mir die Songs von Michael Jackson an. Und schon fällt mir wieder etwas Neues ein und ich erinnere mich daran, warum ich das mache, was ich mache.

Eine Person, die mich auch schon mein ganzes Leben lang begleitet und mich viel über Träume gelehrt hat, ist Walt Disney. Ich bin mit Disney-Filmen groß geworden (wie viele andere auch) und jedes seiner Meisterwerke hat seinen Beitrag zu meiner Entwicklung beigetragen. Mein absoluter Lieblingsfilm von Disney ist »Der König der Löwen«. Mit ungefähr drei Jahren wollte ich gar nichts anderes mehr gucken, als diesen Film (das ist kein Witz, ich glaube ich habe über drei Wochen jeden Tag einen Ausschnitt daraus gesehen). Und auch heute sehe ich mir den Film immer noch sehr gerne an. Denn er hat mir gezeigt, wie wichtig es ist, niemals aufzugeben und für das zu kämpfen, was einem wichtig ist. Und natürlich, dass man im Leben entspannt bleiben sollte – Hakuna Matata.

Walt Disney ist in meinem Herzen und ist eine pure Inspirationsquelle für mich.

Auch für dich gibt es bestimmt eine historische Person oder eine Situation, die dich besonders fasziniert und inspiriert und dich dazu bringt, dein Bestes zu geben.

> *Why worry? If you've done the very best you can,*
> *worrying won't make it any better.*
>
> *Walt Disney*

Es wird ein langer Weg werden, bis ich mein Ziel erreicht habe. Ein langer und steiniger Weg, der immer wieder auf und ab führen wird. Auf diesem Weg werde ich mich verändern, älter und reifer werden.

Was ich aus der Geschichte gelernt habe

- Wenn ich etwas in der Welt ändern will, dann muss ich bei mir selber anfangen
- Wir stehen alle zusammen und keiner ist besser, als der andere
- Ich muss für meine Träume kämpfen
- Hakuna Matata

Es wird ein Prozess stattfinden, der mich motiviert, weiterzumachen. Mein großes Ziel wird im Laufe des Weges näher kommen und kleinere Ziele kann ich unterwegs abhaken.

Jeder Haken, den ich setze, wird mich dazu motivieren, weiterzumachen und niemals auszugeben. Vielleicht ist es genau dieser Weg, der mich dazu motiviert, jeden Tag mein Bestes zu geben. Alles, was ich unterwegs lernen werde und wie ich mich verändern werde. Es warten so viele Erfahrungen auf mich und ich kann es gar nicht erwarten, jede davon mitzunehmen. Alleine wie ich mich im letzten Jahr verändert habe, macht mich neugierig auf die nächsten Jahre und auf die nächsten Schritte.

Ich kann meinen Prozess festhalten und wenn ich mal in einem Motivationsloch stecke, kann ich mir genau diesen Prozess angucken. Damit motiviere ich mich selbst.

One person can make a difference, and everyone should try.

– John F. Kennedy

Warum der Klischeesatz „Der Weg ist das Ziel" so richtig ist

- Du veränderst dich und lernst viel neues
- Der Prozess macht dich stolz und motiviert dich
- Du hackst kleinere Ziele ab
- Jeder Schritt wird es das wert sein

Oft habe ich dem Impuls nachgegeben und den ganzen Tag nichts gemacht. Es gab Tage, an denen ich nur auf der Couch oder in meinem Bett gelegen habe.

Das sind verschwendete Tage und es fällt mir schwer, nach solchen Tagen weiterzumachen. Denn dann habe ich das Gefühl, dass ich niemals an mein Ziel kommen werde und all die Arbeit nichts wert ist.

Aber sie ist es wert und ich muss dann weitermachen. Früher habe ich mir immer eingeredet, dass ich faul bin. Das ich das einfach nicht ändern kann. Aber auch das war nur eine Ausrede. Denn ich bin nicht faul, sondern ich habe manchmal schlechte Tage. Und nach diesen schlechten Tagen kommen auch wieder gute, an denen ich meinen Zielen wieder näherkomme.

Dann fehlen mir die Motivation und der Antrieb, die ich aber wiederfinden kann. Und jeden Tag kann ich mich verbessern, und auch wenn es einmal nicht so gut gelaufen ist, ein neuer Morgen bringt auch eine neue Chance.

Ich lasse mich nicht mehr von Ausreden kleinmachen und suche nach meinem Antrieb.

Danach, was mich Feuer und Flamme sein lässt, um alles zu geben. Auch wenn das bedeutet, dass ich den ganzen Tag an einem Kapitel sitze und alles bis zur Perfektion überarbeite. Denn wenn es um meine Träume geht, dann bin ich bereit, meine Schmerzgrenze zu überschreiten, und das so oft, wie es eben sein muss.

Warum schlechte Tage nicht so schlecht sind, wie sie zuerst erscheinen

- Auf jeden schlechten Tag folgt ein richtig guter
- Du kannst dich neu motivvieren
- Das Leben ist zu kurz, um den schlechten Tagen eine große Bedeutung zu geben
- Du kannst umdenken, wenn du merkst, dass es sich nicht mehr gut anfühlt, was du tust

Damit ich so gut werden kann, wie ich mir das vorstelle, muss ich ehrlich zu mir selber sein. Es bringt nichts, wenn ich mich anlüge und alles schönrede. So werde ich nicht besser werden.

Momentan bin ich noch zu sehr in mich gekehrt und habe zu viel Angst, mit fremden Leuten zu reden, um die großartige Sportmoderatorin zu werden, die ich sein will. Natürlich könnte ich mir einreden, dass das nicht so ist und ich einfach nur ein bisschen mehr Erfahrung brauche. Das ist aber Unsinn. Denn um so gut zu werden, wie ich es möchte, brauche ich nicht nur Zeit, sondern muss mir auch ehrlich eingestehen können, dass ich in dem Bereich ein Problem habe. Dass es momentan noch nicht so gut ist, wie es sein sollte.

Nur diese knallharte Ehrlichkeit bringt mich weiter. Ich muss an diesen Problemen arbeiten und das immer und immer wieder. Und dabei muss ich mir gegenüber ehrlich bleiben. Ich muss knallhart mit mir selber sein und ohne Rücksicht mein eigenes Verhalten reflektieren, warum genau ich noch so weit entfernt von meinen Zielen bin und was ich noch ändern muss, um sie zu erreichen. Ich darf mir nicht selber etwas vormachen. Brutale Ehrlichkeit ist das Einzige, was mich voranbringt.

If you wanna make the world a better place,
take a look at yourself and make that change.

– Michael Jackson

Warum nur Ehrlichkeit dich nach vorne bringt

- Wenn du dich selber belügst, wirst du deine Fehler nicht ausbessern können
- Du machst dir nur selber etwas vor
- Es gibt einen Grund, warum deine Ziele momentan noch in weiter Ferne liegen

<u>Zusammenfassung »Das Jagen deiner Träume«</u>
1. auf Pinterest nach Inspiration suchen
2. aus dem realen Leben lernen
3. an deine Träume glauben
4. deine Träume in einem Visionsbuch festhalten

5. Träume visualisieren
6. viel lesen
7. immer wieder zurückkommen und weiter kämpfen
8. reisen und neue Kulturen kennenlernen
9. keine Ausreden mehr erfinden
10. Rückschläge annehmen und aus ihnen lernen
11. dich von realen Personen inspirieren lassen
12. den Weg zu deinem Ziel lieben
13. schlechte Tage nutzen um den nächsten besser zu machen
14. ehrlich zu dir selber sein

Wenn du heute bei hundert Prozent bist, kannst du morgen noch mehr geben. Du kannst mehr tun und du kannst mehr geben. Mit jedem Tag kannst du dich steigern und mehr aus dir herausholen. Gib jeden Tag alles, nur nicht auf. Glaube an dich selber und motiviere dich selber. Motivation und Inspiration werden dich nicht finden, du musst sie suchen und um sie kämpfen.

In meinem letzten Punkt möchte ich dir noch mit auf dem Weg geben, dass du Power hast. Du kannst alles schaffen, was du dir vornimmst, wenn du nur genügend Power gibst. Mit Kraft und mit Power kommst du überall hin. Nimm dein Leben selber in die Hand und mache alles mit Power. Du hast sie, also nutze sie.

Ich habe große Ziele und es wird schwer werden, sie alle zu erreichen. Und es ist schwer, Ziele so zu setzen, dass ich sie erreichen kann.

Denn wie oft habe ich mir schon etwas vorgenommen, habe es aber nicht gemacht. Wie viele Pläne habe ich geschrieben, ohne sie jemals einzuhalten.

Vielleicht, weil mir der nötige Wille gefehlt hat, vielleicht, weil ich nicht genau wusste, wie ich es am besten anstelle.

Mittlerweile habe ich für mich eine Methode gefunden, wie ich meine Ziele so planen kann, dass ich mich daran halte und ihnen jeden Tag ein bisschen näher komme. Wie ich mir einen Zieleplan schreibe und vor allem, wie ich mich daran halte.

Das hat in meinem Auslandsjahr in Southampton angefangen. Vielleicht weil ich älter wurde und damit auch reifer, oder weil der Luftwechsel mir gutgetan hat.

Und jetzt mache ich viele Dinge anders als früher. Ich nenne meine Träume nicht mehr Träume, sondern es sind Ziele und Visionen. Statt nur von ihnen zu träumen, habe ich angefangen, für sie zu arbeiten.

Damit kann ich gar nicht früh genug beginnen, denn meine Ziele sind nicht leicht zu erreichen. Meine vier großen Ziele sind:

1. Sportmoderatorin werden
2. einen eigenen Verlag gründen
3. Autorin sein
4. ein S-Springen reiten

Für all diese Ziele kann ich jetzt schon etwas machen. Auch wenn es nur kleine Dinge sind.

Und ich bin süchtig nach den Glückshormonen geworden, die durch meinen Körper fließen, wenn ich einem meiner Ziele wieder nähergekommen bin.

Ja, manchmal habe ich Angst, was passieren könnte, wenn ich für diese Ziele arbeite und sie trotzdem nicht erreichen werde. Denn das ist immer denkbar, egal was für einen Aufwand ich selber betreibe.

Trotzdem will ich mir von meiner Angst nicht die Möglichkeit nehmen lassen, meine Ziele zu erreichen und tatsächlich genau das zu machen, was ich schon so lange will.

Ich glaube fest daran, dass ich mein Ziel eines Tages erreichen werde. Weil ich jetzt angefangen habe, mich wirklich hinzusetzen und dafür zu arbeiten. Ich warte nicht mehr darauf, dass die Sachen einfach passieren, sondern sorge dafür, dass sie passieren. Alles, was ich erreichen will und kann, liegt in meiner eigenen Hand und ich kann die Dinge möglich machen. Darum überschreite ich die Schmerzensgrenze und gebe auch dann noch Vollgas, wenn ich eigentlich müde bin. Es hat mich viel Zeit gekostet, bis ich gemerkt habe, dass ich es möglich machen kann, wenn ich es nur fest genug will und bereit bin, hart zu arbeiten. Anders wird es nichts werden. Denn auch das Planen wird dir nur weiterhelfen, wenn du danach weitermachst. Dich an deine eigenen Deadlines hältst und nicht zwischendurch immer wieder aufhörst. Du kannst es möglich machen. Du wirst dein Ziel erreichen. Arbeite hart dafür und gib nicht auf. Es ist dein Leben, dein Ziel, sorge dafür, dass du es erreichen wirst. Es liegt alles in deiner eigenen Hand. Sei ein Macher.

Be so good they can't ignore you.

– Steve Martin

Zum Abschluss möchte ich noch einmal festhalten, dass du alles aus deinem Leben machen kannst, was du möchtest. Es gibt keine Grenzen für deine Träume.

Ich habe im Jahr 2018 so viel gelernt. Dass Aufgaben sich nicht lohnt, dass ich über meine Schmerzgrenze hinausgehen muss, um meine Ziele zu erreichen. Dass kein Problem so groß ist, dass es nicht überwunden kann, und dass kein Schmerz so groß ist, dass ich nicht weitermachen kann.

Das Wichtigste, was ich in den letzten Monaten gelernt habe, ist aber, dass man immer alles positiv betrachten muss. Denn alles hat eine positive Seite und kann immer gut sein. Mit einem Lächeln ist alles einfacher und du bist glücklicher, wenn du an dich selber glaubst und daran, dass alles gut werden wird.

Lache, lebe und liebe.

Darum geht es im Leben. Um die großen Emotionen und die großen Gefühle.

Darum, dass sie echt sind und man sich selber nichts vorspielt.

Dieses Buch ist ein Herzensprojekt für mich und während ich es geschrieben habe, habe ich noch mehr über mich gelernt. Darüber, was ich für ein Mensch bin und was mir meine eigenen Ziele bedeuten.

Dieses Buch hat mir auch dabei geholfen, mir über viele Punkte in meinem Leben klarzuwerden, die lange im Dunkeln für mich lagen.

Ich konnte mich selber besser reflektieren und habe eine Idee davon bekommen, was ich noch tun muss und inwiefern ich mich verbessern muss, um meine Ziele zu erreichen.

Und genau das ist es, was du aus diesem Buch lernen sollst. Wie du dich und dein Leben soweit verbessern kannst, dass du das herausholst, was du dir vorgestellt hast.

Hier sitze ich nun und schreibe diese Zeilen. Alles, wofür ich die letzten Monate gearbeitet habe, scheint jetzt zu einem Ende zu kommen. Es wird noch jede Menge Arbeit auf mich zukommen und ich muss noch viel schaffen, bevor ich mein erstes Ziel erreiche und dieses Buch veröffentlichen kann, aber der erste Schritt ist getan. Und das ist ein gutes Gefühl. Wir werden sehen, ob es so wird, wie ich es mir vorgestellt habe. Und auch wenn es nicht so sein wird, hat sich die Arbeit gelohnt, denn ich habe mein Ziel erreicht.

Und ich liebe dieses Gefühl. Etwas geschafft zu haben, ohne dass meine Eltern mich dazu gebracht haben oder mir geholfen haben.

Das ist mein erster Schritt, um erwachsen zu werden, und ich bin froh, dass ich ihn gegangen bin.

Alles, was jetzt noch folgt, wird ein riesengroßes

Abenteuer werden, das ich gar nicht erwarten kann.

Playlist zum Buch:

Run the World (Girls) – Beyoncé
Stronger (What doesn't kill you) – Kelly Clarkson
Power – Little Mix
Girl on Fire – Alicia Keys
Don't stop believin' – Glee Cast
Keep holding on – Glee Cast
Brave – Sara Bareilles
Firework – Katy Perry
Part of me – Katy Perry
Roar – Katy Perry
That's my Girl – Fifth Harmony
Ain't your Mama – Jennifer Lopez
Confident – Demi Lovato
Fight song – Rachel Platten
Me & My Girls – Selena Gomez
The Climb – Miley Cyrus
Most Girls – Hailee Steinfeld
Since U been gone – Kelly Clarkson
Legenden – Max Giesinger
A Million Dreams – The Greatest Showman
Loser like me – Glee Cast
Good Life – OneRepublic
Marchin on – OneRepublic
Believer – Imagine Dragons
Walking the Wire – Imagine Dragons
Big Girls don't cry – Fergie
Titanium – David Guetta
Human – Christina Perri

Stark – Ich & Ich
Augen auf – Sarah Connor
They don't know about us – Michael Jackson
Man in the Mirror – Michael Jackson
Break Free – Ariana Grande
Popular Song – Ariana Grande
Remember the Name – Fort Minor
Erfolg ist kein Glück – Kontra K
Hall of Fame – The Script
Supergirl – Anna Naklab
Pompeii – Bastille
Radioactive – Imagine Dragons
Miracle – Julian Perretta
Castle – Halsey
Centuries – Fall out Boy
Salute – Little Mix
Women – Ke$ha
Love Myself – Hailee Steinfeld
Born this Way – Lady Gaga
Can't blame a Girl for trying – Sabrina Carpenter